中国旅游业普通高等教育应用型规划教材

# 会展策划

**主 编** 吴 杰

**副主编** 李 岚 王 婧 徐小君

中国旅游出版社

# 前　言

我国改革开放的进一步深化，国民经济的快速增长，为会展业的发展提供了良好的经济基础。《中华人民共和国国民经济和社会发展第十二个五年规划纲要》中提出：促进广告、会展业健康发展。2000 年以后，我国每年的展出面积增加数千万平方米，展会规模也不断扩大，每年保持20%的增长率。各地政府对会展经济日益重视，使其成为当地经济、调整产业结构、招商引资的重要平台。但我国的会展业在快速发展过程中也暴露出会展题材挖掘不够深入、会展组织不够规范、会展规模普遍偏小、会展定位不够清晰等问题。这一系列问题出现的最主要原因是人才的短缺，特别是掌握会展策划、会展运营与管理等专业知识及技能的人才更为稀缺。《会展策划》一书，由云南财经大学旅游与酒店管理学院教师结合多年教学经验努力合作完成。本书具有以下特点：

第一，根据会展活动策划流程编辑内容。会展项目运作流程的每一环节均需要周密而翔实的策划。本书按照会展项目运作流程，将内容分为会展策划概述、会展项目立项策划与可行性分析、会展招展策划、会展招商策划、会展设计与品牌策划、大型事件策划、会展相关策划、会展预算与效果评估、会议策划，且每一章都按照操作流程安排教材内容。

第二，选材真实且实用。本书每一章节均融入了精选的会展企业的真实案例与实际项目，对学生的学习与实践有非常强的指导性。学生通过案例学习，会展策划的职业能力能够得到不断提升。

第三，突出对学生职业能力的培养。本书的案例与项目需由教师带领学生共同学习体会，目的是使学生进一步巩固知识、拓展职业能力。

本书的编写得到了会展行业相关人士的鼎力支持和帮助，他们慷慨地提供了许多宝贵的经验和完整的资料，为本书的顺利完成奠定了坚实的基础，在此一并表示感谢！本书由吴杰任主编，李岚、王婧、徐小君任副主编。具体编写分工为：第一章由叶宁执笔，第二章、第五章由王婧执笔，第三章、第四章由李岚执笔，第六章、第九章由吴杰执笔，第七章、第十章由徐小君执笔，第八章由朱韬执笔，吴杰负责全书审阅工作。由于编者水平有限，疏漏之处在所难免，欢迎各位专家学者提出宝贵意见。

编者
2015 年 7 月

# 目 录
## CONTENTS

# 第一章

## 会展与会展业概述

### 本章导读

本章应围绕会展的基本概念、特点和会展业的发展展开学习。会展业是综合性产业，具有明显的城市经济特征，涉及旅游、交通、邮政、广告、餐饮、住宿、通信等诸多行业。会展业还可增加大量的就业机会，所以会展业素有"城市的面包""城市经济的助推器"等美誉。随着新技术革命的不断兴起，各国之间的分工得到进一步深化，多元化、多格局的国际经济发展态势已经形成。在全球化发展的同时，经济体系多极化趋势发展迅速。全球化和多极化发展，为会展业的形成和发展提供了更多的机遇和空间，尤其对发展中国家有着极其深远的意义。

### 【学习目标】

1. 掌握会展的内涵、构成和特征。
2. 了解会展业的形成和发展现状。
3. 理解会展业的构成要素。

### 【导入案例】

#### 2015 本科毕业生薪酬排行会展专业表现突出

读什么专业，毕业后能拿到高薪？某研究机构基于国内高校 506 个本科专业的就业数据，制作了《2015 本科专业毕业生薪酬排行榜》，找出了本科毕业生薪水最高的 100 个专业。榜单的薪酬数值为该专业样本毕业生毕业 5 年之后的平均月薪。

由榜单可见，毕业5年之后平均月薪能达到9000元以上的本科专业有15个，毕业5年后平均月薪达到8000元的本科专业有42个，理工类专业的就业前景和薪酬水平均高于文史类。高薪专业的就业方向绝大部分依然是北上广深等一线城市。百强专业中，只有37个专业的北上广深就业比例低于50%，但这些专业也多接近50%的比例。

新型城镇化的背景之下，各类产业园区的蓬勃兴起，与城市经济相关的专业也开始冒头，如城市管理、会展经济与管理、文化产业管理、交通设备与控制工程、家政学等专业在薪酬榜单中表现突出。其中，会展专业也是在一线大城市就业比例较高的专业，占比超过60%。

**请思考：**会展专业在薪酬榜单中表现突出的原因是什么？

# 第一节　会展概述

会展活动古已有之，但是哪些活动可以称为会展活动却众说纷纭。从字面上看，"会展"由"会议"和"展览"两个词语组合而成，所以把会议、展览（包括展览会、博览会以及交易会等）列为会展活动的范畴几乎是没有任何争议的。但是，除了这些有展览、有会议，同时又夹杂一些娱乐活动的典型展会之外，诸如奥运会、亚运会等体育赛事算不算会展活动？还有许多城市举办的节庆活动，如青岛的啤酒节、浏阳的花炮节等是不是会展活动？对这些问题的回答，还存在争议。

会展作为一门系统的学科并被广泛研究的历史仅有数十年，随着世界经济的快速化和多样化发展，会展活动呈现兴旺之势。由于会展研究的起步比较晚，会展如何定义尚未在学界、业界形成比较一致的观点。

## 一、会展的定义

国际上，对会展的定义可分为三大流派：欧派、美派和综合派。欧派称会展为 C&E（Convention and Exposition）或者是 M&E（Meeting and Exposition），即认为会展由会议和展览组成，这是比较古老而狭义的定义；美派则把会展概括为 MICE，即公司会议（Meeting）、奖励旅游（Incentive tour）、协会或社团组织的大会（Convention）、展览会（Exhibition or Exposition）四部分的总称；综合派在美派基础之上，将 MICE 逐步演变成 MICEE，即在 MICE 的基础上加上节事活动（Event）。目前，综合派的观点日渐被国际所公认，并成为国际统计标准口径和专业会展行业协会划分标准。

在中国国内，不同的学者对会展的定义也有不同的看法，主要形成了三种典型的会展含义界定：内涵—外延型、内涵特征型和外延界定型。第一种通过对会展内涵的阐述推导出会展外延，如刘松萍、梁文在其编著的《会展市场营销》中是这样定义的："会展是会议、展览、展销、体育等集体性活动的简称,是指在一定地域空间,由许多人在一起形成的,定期的或不定期的,制度的或非制度的,传递和交流信息的群众性社会活动。它包括各种类型的大型会议、展览展销活动、体育运动会、交易会和大型国内外会议等,其中,展览会是会展的重要组成部分。"这一阐述概括了会展的定义,并给出了会展的外延。第二种主要描述了会展的内涵特征,如向国敏在《会展实务》(2005 年)中认为会展是以追求经济效益为主要目的,以企业化运作提供社会化服务,以口头交流信息或者几种陈列展示物品为主要方式的集体性和综合性活动。这一定义触及了会展的内涵特质并获得了较多学者的认可。第三种避开对会展内涵的界定,直接从会展外延入手,先对会展的外延分类,再分别对每一类外延进行界定。

本书认为,会展是指在特定的时间和空间内,来自各地的人流、物流、信息流、资金流大量集聚,围绕某个特定的主题开展的某种有目的的活动。它包括各种类型的会议、展览、会展旅游和节事活动,有时还包括一些特殊活动。

## 二、会展的构成

广义的会展包括会议、展览会、会展旅游、节事活动以及其他特殊活动。狭义的会展仅包括会议和展览两部分。

### (一) 会议

会议是指人们怀着各自相同或不同的目的,围绕一个共同的主题,进行信息交流或聚会、商讨的活动。一次会议的利益主体主要有主办者、承办者和与会者(许多时候还有演讲人)。其主要内容是与会者之间进行思想或信息的交流,它往往伴随一定规模的人员流动和消费。作为会展业的重要组成部分,大型会议特别是国际性会议在提升城市形象、促进市政建设、创造经济效益等方面具有特殊的作用。

会议有规模大小和持续时间长短之分。会议的规模可以从几个人到几万人,而持续时间长短也是因需而异的。根据会议规模大小和与会者的身份不同,会议可以简单地分为国际会议、洲际会议和国内会议。

会议的具体形式有大会、年会、例会、专门会议、代表会议、讲座、论坛、专题学术讨论会、研讨会、讨论会、讨论分析会、静修会和座谈会等。

### (二) 展览会

展览会,有时简称展览,它是一种既有市场性也有展示性的经济交换形式,是一种具有一定规模、定期在固定场所举办、参会人员来自不同地方的有组织的商业聚会。

展览会根据展览目的不同大致可分为非营利性展览会和商业性展览会。非营利性展览会最大的特点是展示和信息交流,不进行交易。商业性展览会最大的特点就是在最短时间和最小的空间,用最少的成本做最大的生意。

商业性展览会可分为如下几类:根据展览内容,可分为综合展览和专业展览;根据开放对象，可分为贸易展览和消费展览；根据展览规模，可分为国际、国家、地区、地方展，以及单个公司的独立展；按展览时间，可分为定期展览和不定期展览；按展览场地，可分为固定展览和流动展览。

在古代，展览曾在经济交流中起过重要的作用；在现代，它仍在很多方面发挥重要作用，包括宏观方面的经济、社会作用和微观方面的企业市场营销作用。展览一般由组展商、参展商、展览场馆、展览市场和参观展览的观众五大要素组成。首先，从展览的功能和市场潜力看，展览最主要的功能在于促进生产、发展贸易，既有市场性，又有展示性，绝大部分展览是以企业为参展商，以专业买家为观众的。所以，市场经济越发达，企业对交易的需求越旺盛，希望参展与观展的人就会越多，展览市场就越发达。其次，从展览的发展趋势看，现代展览已经不仅仅是商品的展示和交易。在展览会期间，主办方和参展方都会召开大量与展览相配合的专业会议，并且举行各式各样的活动以提高展览会的展示和交易效果。

**【相关链接】**

### 展览的词汇来源

Exhibition 是在集市和庙会基础上发展起来的展览形式，也是被使用最广泛的展览名称，通常作为各种形式的展览会的总称；Exhibition 起源于法国，是展览会的意思。在近代史上，法国政府第一个举办了以展示、宣传国家工业实力为主的展览会。这种展览会不做贸易，主要是为了宣传，因此便有了"宣传性质的展览会"的含义。由于其他国家也纷纷举办宣传性质的展览会，且由于法语对世界一些地区的影响，以及世界两大展览会组织——国际博览会联盟和国际展览局的总部均在法国，因此，在法语国家及北美等英语地区，Exhibition 被广泛地使用。

### （三）会展旅游

会展旅游，是指通过举办各种类型的大型国际展览会、博览会、交易会、运动会、招商会等，吸引大量游客来洽谈贸易、观光旅游，进行技术合作、信息交流、人员互访和文化交流，以此来带动旅游、交通、餐饮、商业等多项相关产业的发展。作为会展和旅游相互融合的新兴行业，会展旅游是一种高级的、特殊的旅游活动形式。根据不同的会展活动形态，会展旅游一般可以分为会议旅游、展览旅游、节事旅游和奖励旅游四种类型。其中，奖励旅游的蓬勃发展使会展旅游日渐成为会展活动中越来越重要的组成部分。奖励旅游是指由企业承担费用，组织相关人员前往某个目的地旅行，有时也一同举办公司会议。这类会展活动最早在美国兴盛，很快在欧洲的英国、德国、意大利、法国等国家传播并流行开来。亚洲的奖励旅游市场虽然没有美国和欧洲发达，但其发展速度正在不断加快。近几年来，我国一批大企业也开始组织大规模的海内外奖励旅游，带动了会展旅游市场的发展。

## （四）节事活动

"节事"一词来自英文"Event"，含有"事件、节庆、活动"等多方面的含义。国外常常把节日（Festival）和特殊事件（Special Event）、盛事（Mega-event）等合在一起作为一个整体，在英文中简称为FSE（Festivals & Special Events），中文译为"节日和特殊事件"，简称"节事"。节事活动分为体育运动会、政治性或纪念性庆典和传统喜庆等几种类型的活动，如奥运会、世界杯、国庆节、建军节，以及春节、端午节等。不同的活动要采取不同的形式和礼仪，如联欢晚会、文艺晚会、舞会、游园、花会、灯会、演讲会、座谈会、报告会、茶话会等。总之，节事活动可以从目的、内容、形式、功能和实质等方面来解释其内涵。从目的上来说，节事活动是通过节日庆祝、文化娱乐和市场营销，提高举办地的知名度和美誉度，树立举办地的良好形象，促进当地旅游业的发展，并以此带动区域或经济的发展。内容要求具有浓郁的文化韵味和地方特色，应根据当地的文化和传统特色来具体设计。形式要求生动活泼，具有亲和力，活动编排严谨、环环相扣、切合主题。从功能上来说，节事活动不仅是一种文化现象，更重要的是一种经济载体，节事活动应围绕经济活动的开展而做适当的调整。节事活动的实质是商业活动，举办期间大量的人流不仅使服务性行业收入迅速增长，还会促使交通、贸易、金融、通信等行业的发展。

## （五）其他特殊活动

在实际生活中，还有一些会展活动并没有固定的举办周期，规模大小也不一，有的可能只举办一次，有的可能在不同的城市连续举办数次，如歌星的巡回演唱会和社会团体的重大庆典等。这些活动的规律性不强，一般称之为特殊活动。

把上面的这些活动称为会展活动是因为这些活动具备以下五个要素：第一，特定的时间。会展活动的开展都是在一定时间内完成的，具有很强的时间性。这些活动都是在经过长时间的周密准备后，在某一事先计划好的时间段内进行的，这与行政组织或企业组织日常管理的"线"状活动不同，可以说是长期筹备、短期举办的"点"状活动。第二，特定的空间。会展活动都会涉及人员的迁徙和流动，参加活动的人来自全国各地乃至全世界，这些人员借助各种交通工具来到活动举办地，并且在举办地进行住宿、交通、餐饮、娱乐等各种消费。第三，特定的主题。会展活动都必须围绕一定的主题展开。典型的例子是各届世博会都有一个明确的主题，如日本2005年爱知世博会的主题是"超越发展：大自然智慧的再发现"，中国2010年上海世博会的主题是"城市，让生活更美好"。第四，集聚性。会展活动的一个鲜明特点就是人流、物流、信息流以及资金流的高度集中。例如，展览会主办者把许多不同企业的商品云集到同一地点，同时又把大量的观众集中到这里参观，参展商和客商在展厅中交换信息、洽谈贸易、实现合作和买卖，又带动了信息流和资金流的集聚。第五，目的性。任何一项会展活动都有一定的目的，而且要求实现某个特定的目标。例如，举办会议活动必须有明确的会议主题和目标，交易会以物品交换为目的，贸易展览会以交流信息、洽谈贸易为目的，宣传类展览会以宣传展示新产品、新科技、新成果为目的。

## 三、会展的特点

### （一）集中性

信息的集中是会展的最大特点，这里的信息包括会议主题传达的信息和产品的信息。通过运作，组展者将许多不同企业的展品云集在同一个地方向大量观众展示。例如，专业的展览会通常是 3~5 天，在短短几天时间里，参展商可以接触到整个行业的大部分客户，获得很多有关客户的信息。参展商与观众的大量集中使得信息收集的成本大大降低。

### （二）新颖性

这里的新不仅指在某次展会上，参展商可能会遇到新的潜在买家，观众将遇到新的供应商、新的产品和服务，而且指许多展会每届都有新的主题、新的亮点。

### （三）艺术性

展览会的主办者和参展者都会通过运用声、光、色、形，以及文字、图像等艺术手段来布置展厅，以带给参展人群强烈的艺术美感的体验。会展活动的艺术特点让人们仿佛置身于艺术的海洋里，令人心旷神怡。

### （四）综合性

在会展活动的进行中，展览往往与会议、各类节事活动密切结合，各种展览与会议、各类经贸活动、旅游、艺术节共同配合。这是会展产业不断发展和完善的体现，丰富了会展活动的内容，提高了活动的档次和品位，增加了活动的吸引力。

### （五）亲历性

亲历性是会展活动的另一个重要特点，在会展活动进行中，人们不再仅仅满足从媒体上获取展会的状况和产品的信息，还要求亲自到达活动现场，体验服务，听取生产商的自我介绍，实地了解生产者提供产品的质量、外观和其他信息，就许多细节和生产者展开商谈。

另外，会展是一个涉及经济、社会等诸多方面的行业。会展业以其超常的关联影响和经济带动作用，成为经济发展关注的焦点。其产业带动能力强，综合效益高，有利于提升城市整体形象。

# 第二节　会展业概述

## 一、会展业的作用

会展业是以会议、展览为媒介，以在一定时期内聚集大量的人流、物流、资金流和信息流为手段，达到经济、社会等方面发展的行业。会展业通过会展公司或主办单位把参展商、购买商、观光者汇集起来，实现商品交易、产品宣传等目的。

会展业是综合性产业，具有明显的城市经济特征，涉及旅游、交通、邮政、广告、餐饮、住宿、通信等诸多行业。会展业还可增加大量的就业机会，所以会展业素有"城市的面包""城市经济的助推器"等美誉。

### （一）会展业对旅游业的作用

会展业对旅游业的作用主要体现为会展业能形成会展旅游。这种旅游是指通过各种类型的会展而形成的各种旅游现象。其含义是指借举办各种类型的会展，以招揽会展客户洽谈业务、交流沟通和旅游参观访问，为他们提供食、住、行、游、购、娱等诸方面的优质服务，刺激他们消费，从而为当地创造经济效益、社会效益。

### （二）会展业对酒店业的作用

酒店主要提供食、宿服务，其本身也可以作为会展的场所。会展业能够对酒店业的规模、效益、品牌产生积极影响。

第一，会展业能够推动酒店业发展。酒店业是受惠于会展业最多的行业。

第二，会展业能够引发酒店业投资热潮。大型会展往往蕴藏巨大的商机，吸引众多商家来投资酒店业。

第三，会展业能够促进酒店服务水平的升级。

第四，会展业能够在会展业引发的会展经济下，酒店业无淡季。

第五，会展业能够为酒店树立品牌创造条件。

### （三）会展业对餐饮业的作用

通常，会展业在经济较发达的地方举办，其餐饮业相对较为活跃。会展业无疑又促进了该地经济进一步发展。餐饮业和旅游业、酒店业是紧密联系在一起的，会展消费中，餐饮消费仅次于购物消费。

### （四）会展业对物流业的作用

物流是物品从供应地向接受地的实体流动过程。其根据实际需要，将运输、储存、搬运、包装、流通加工、配送、信息处理等基本功能有机结合。物流的总体目标是在最低的总成本条件下实现既定的服务水平。会展业能够促进物流业，尤其是第三方物流发展。

## 二、会展业的起步与发展历程

会展业是指由会展经济运行而引起的相互联系、相互作用、相互影响的同类企业的总和，是现代经济体系的有机组成部分。会展业已经成为世界各国瞩目的产业。会展业作为一种新兴产业类型，是市场经济发展到一定历史阶段的产物，是要素流动引发的必然结果。

会展业的形成，必须具备一定的经济、制度和社会文化等方面的条件。

### （一）经济条件

生产力高度发展，使要素的跨区域、跨国界移动成为可能，交易成本与流动费用低廉，是会展业形成的基本经济条件。

当国民生产总值和人均国民收入都达到或接近小康水平时，人们才有可能形成对会展产品的有效需求。经济体系受到约束，生产力低下，则会抑制人们对会展产品的消费，阻碍会展业的形成和发展。

会展业对基础设施有极大的依赖性。如果一个国家、一个地区、一个城市受到经济条件的限制，其基础设施不完整、不健全、不发达，在这样的环境中就不会有会展业的形成和发展。

会展业是商业活动高度发达、对外开放达到一定水平后的产物。一般而言，一个对外开放程度高、商业发达的国家和地区，必定是会展业发展的迅速之地，而那些闭关自守、商业落后、计划经济体制下的地方，要发展会展业就困难得多。

会展业的形成和发展，不仅受国内经济条件的影响，还会受到国际经济环境的影响。在全球化浪潮的冲击下，任何一个经济体系都不可能独立于外部世界而存在。

随着新技术革命的不断兴起，各国之间的分工得到进一步深化，多元化、多格局的国际经济发展态势已经形成。在全球化发展的同时，经济体系多极化趋势发展迅速。全球化和多极化发展，为会展业的形成和发展提供了更多的机遇和空间，尤其是对发展中国家有着极其深远的意义。

### （二）制度条件

所谓制度条件，主要指经济制度的形态、变动规律及相关关系的协调。

任何一类经济活动，如果得不到制度许可，甚至遭禁绝，就谈不上什么发展。如果一个国家、一个地区的经济制度对会展活动缺乏必要的许可，会展业的发展也同样无从谈起。同时，经济制度的开放性，也是会展业形成和发展的需要，因为只有开放，才有可能在较为广阔的地域空间和市场上实现会展资源的有效配置。我国自改革开放以来，各种会展活动层出不穷，我国会展业也在进一步的形成和发展之中，这都是政府积极鼓励、扶植和实行对外开放政策的结果。

## （三）社会文化条件

开放、包容的文化传统和稳定的社会秩序也是会展业形成和发展不可缺少的条件。在一个拒绝市场和商品的社会文化体系中，会展业不可能出现。只有当社会能够提供较为稳定的法律、法规和制度，会展活动才能稳定有序地开展；只有社会开放和文化具有包容性，才能够吸收外部世界的优秀文化，反映各种风格、不同文化传统的会展活动才能得以开展。

# 三、国外会展业发展现状

世界会展业至少可以包括会议和展览两个基本组成部分，在西方，一般称之为会议展览业。展览场地一般都同时兼有接待会议和举办展览会的功能，称为会展中心。

在功能上，会展是人们进行信息交流、洽谈商业合作和进行市场营销的场所，它发挥的是一种桥梁和媒介作用。西方大多数企业把每年的参展费用开支作为对外联系交际费列在 COMMUNICATION 项目下，在营销方式上则把它与直接销售和电子商务相并列，三者属同一范畴的概念。

由于会展业本身是一种无污染产业，且对整个城市经济发展具有较大的带动和促进作用，因此对那些地域狭小，但在交通、通信和对外开放度方面具有较大优势的国家或地区来说，发展会展业常常成为城市经济发展的首选战略之一。在一些办展历史悠久、展览业高度发达的国家，如德国，会展业成为服务业中最重要的经济部门之一。

从经济总量和经济规模的角度来考察，会展经济在世界各国的发展很不平衡。

## （一）欧洲和美洲的会展业概况

欧洲是世界会展业的发源地，经过一百多年的积累和发展，欧洲会展经济整体实力最强，规模最大。在这个地区中，德国、意大利、法国、英国都是世界级的会展业大国。

以德国为例，德国会展业的突出特点是专业性、国际性的展览会数量最多、规模最大、效益好、实力强。在国际性贸易展览会方面，德国是第一号的世界会展强国，世界著名的国际性、专业性贸易展览会中，约有三分之二在德国举办。

北美的美国和加拿大是世界会展业的后起之秀，每年举办的展览会上万个，举办展览最多的城市是拉斯维加斯、多伦多、芝加哥、纽约、奥兰多、达拉斯、亚特兰大、新奥尔良、旧金山和波士顿。

纵观世界会展经济在全球发展情况，不难看出，一国会展经济实力和发展水平是与该国综合经济实力和经济总体规模及发展水平相适应的。发达国家凭借其在科技、交通、通信、服务业水平等方面的优势，在世界会展经济发展过程中处于主导地位，占有绝对的优势。而且，会展经济本身对经济发展具有较大的推动作用，发达国家的会展经济与其他经济部门相辅相成，互相促进，在互动中实现了良好的发展，在制定经济发展战略和城市发展规划时，积极考虑本国会展业发展的需要，做出有利的安排。

### （二）亚洲的会展业概况

在亚洲，会展经济近年来发展也十分迅速，其规模仅次于欧美。日本、新加坡等都是亚洲会展经济中的佼佼者。它们或者经济发达、基础设施完善、各地辅助设施与服务水平较高，或者具有高度的国际开放性和关联性，或者处于有利的地理区位和贸易、资本流动的中心位置，因而在亚洲的会展业中占据了优势地位。

总之，步入新时代，面对新经济，世界会展业从挑战中赢得机遇，从应变中实现跨越，古老而年轻的世界会展业将风采依然。

## 四、我国会展业发展现状

20 世纪 90 年代以来，伴随经济的快速发展和国际交往的日益频繁，我国会展业获得了前所未有的发展，以年均 20% 左右的速度增长，展会数量逐渐增加，规模日渐扩大，办展水平日益提高，形成了一定规模的行业经济效益和新的经济增长点。目前，中国会展业已形成以北京、上海为龙头，广州、大连、深圳、成都、武汉、重庆、珠海、青岛、厦门等大中城市为辅助的发展格局。

总体来说，目前中国会展业的发展有以下特点：

### （一）举办展会的数量和类型日趋增多

近年来，我国举办经贸展览会的数量逐年增加，总量已经相当可观。这些展览会主要分布在北京、上海、广州、大连、深圳等沿海经济发达地区。展览会涉及领域广，既涉及机械、电子、冶金、矿产、石油化工、轻工、纺织、农林等生产性行业，又涉及商业流通、运输、通信、旅游等服务性行业。

就展览会类型来说，有国外来华单一国家展览，有综合性展览，有专业性展览。就国际展览而言，专业性展览占 95% 以上。据有关方面不完全统计，全国主要的行业展是电子展、轻工展、食品展、石化展、汽车展、纺织服装展、建材展等。

### （二）展会国际化、专业化水平不断提高

在展会数量增加的同时，展会也日益向国际化、专业化、规模化方向迈进。自 1996 年以来，中国组团赴国外办展和在国内举办国际性展览会的规模不断扩大。同时，一批专业展、名牌展日渐形成。一些专业展运作较为成熟和规范，在国内外影响较大。其中，北京国际机床展、纺织展、冶金铸造展和印刷展等已进入 UFI，跻身于国际名牌展的行列，在展览规模、服务水平等方面接近国际水准，被列入全球行业展览计划，参与全球行业展览竞争。此外，北京的服装服饰展、计算机展、广州的春秋两届中国出口商品交易会、珠海国际航空展、大连国际服装展节等也都在国内外具有相当的影响力和较

高的知名度。

### （三） 办展水平不断提高、质量有所提高

我国会展业在展览活动和场馆的数量上快速发展，在办展水平和办展质量上也不断提高。目前，已经培育了一些规模大、知名度高的展览会。如上海国际汽车展、中国国际高新技术成果交易会（简称"高交会"）、北京"科博会"等展会都上了一个新的台阶，取得了长足的进展。

### （四） 经济效益显著

会展业促进了经济贸易合作，减少了交易成本，带来了显著的经济效益。全国展览收入增幅明显，2012 年，我国会展业直接产值约 3500 亿元人民币，较 2011 年增长16.1%，占全国国内生产总值的 0.68%，占全国第三产业产值的 1.53%。另外，产生了突出的社会贡献。2012 年，我国会展业实现社会就业 2125 万人次，比 2011 年增长7.3%；拉动相关产业收入 3.15 万亿元人民币，比 2011 年增长 16.7%。

### （五） 展览会馆规模不断扩大

伴随会展业的发展，我国各大城市兴起兴建场馆的热潮，厦门、福州、成都、昆明、大连、长春、南京、重庆、海口、桂林等城市在近几年都建造了新的会展场馆。目前，我国经外贸部批准的有主办展览资格的公司已达几百家。在总体上，中国已形成了北京、上海、广州、大连、厦门、青岛、武汉、成都等展览业地区中心。

为满足会展业发展的需求，我国一些城市正在纷纷筹建大型会展中心。

### （六） 展会组织逐步与国际接轨

我国展会组织与国际接轨主要表现在两个方面：一方面，积极参与国际展览组织。1993 年，中国贸促会以国家名义加入了 BIE，成为 BIE 的正式会员。1995 年，中国国际展览中心率先加入国际展览管理协会。之后，不断有中国展览组织成为该协会会员。此外，上海的一些展览组织也参加了各部在美国的贸易展览商协会（简称 TSEA）及亚太地区展览会及会议联合会（简称 APECA）等国际展览组织。另一方面，我国展览公司与国外合作不断加强。例如，中国国际展览公司与慕尼黑博览会公司合资成立了京慕国际展览有限公司。

### （七） 我国会展业与发达国家会展业的差异

我国目前会展业总体水平和发达国家会展业的差异较大，具体表现在以下几方面：

#### 1. 管理体制上的差异

国外会展业的管理主要依靠行业的自律机制和自律规范，政府的介入一般体现在基础设施的投资和国际大展会的协助招揽上，我国会展业目前还维持计划经济形成的展会审批制、展览公司资格认定制，尚未完全与市场接轨，形成优胜劣汰的竞争机制。

## 2. 展会规模上的差异

我国存在严重的低层次重复办展现象，直接导致参展商和观众分流、展会规模小、展览效果差。而发达国家不断通过收购的方式来扩大各自的会展规模，提高市场占有率。因此，相对来讲，我国目前的展会规模显得非常小，迫切需要扩大。

## 3. 展会设施上的差异

与会展业国家相比，我国展览设施水平差距很大。我国展馆缺口较大，全国展馆数量少，展览面积普遍较小，而且分布松散，不适应会展业发展的需要。另外，展馆整体规划落后，遇有大型展览便出现交通堵塞情况；展馆扩建由于缺乏资金，建馆水平不高；配套服务设施落后。这些问题制约了我国会展业的进一步发展。

## 4. 观众构成上的差异

伴随展会向专业化发展的趋势，专业观众的数量和比例成为评价展会质量和水平的主要因素。国外展会观众多为专业观众和贸易人员，我国会展对专业观众的重视程度稍低。另外，我国海外贸易观众比例很小，形成中外双边贸易多、国际多边贸易少的局面。

# 第三节　会展业构成要素

## 一、会展组织者

会展组织者是指从事资源开发、会展产品生产和会展市场经营管理的专业会展公司，以及各类拥有会展举办权的机构和组织。它首先是一个会展项目的开发者，并且是整个会展事务的执行者，还是展后事务的处理者，因而会展组织者是会展中处于主导地位的主体。

会展组织者的重要性主要体现在以下几方面。

### （一）帮助解决危机，减少风险

大多数会议的举办方不是专家，他们若自行举办会展，往往会因缺乏经验而产生巨大的压力，而熟悉会展并有丰富经验的会展组织者能有效地帮助客户解除压力。会展组织者能扮演咨询者、劝告者，甚至决策者的角色，他们能够积极地构思如何实际地将会议办好，并避免会议地点、会议预算、会议议程等方面可能出现的问题。

### （二）提高效率，降低成本

好的会展组织者能够平衡会展的各项工作，提高工作效率，降低投资成本，减少不必要的开支，让客户满意。

## （三） 帮助承办方获得最大利润

会展组织者不仅能够帮助制订会议的预算，还能放大客户产品的市场价值。好的会展组织者能够创造赞助的机会，开发活动的市场。会展组织者比客户更具有商业特征，能够客观看待客户与赞助人的相互利益，凭借以前的办会经验，利用关系网，寻找新的财政资助，为承办方获得最大利润。

# 二、会展场馆

会展场馆是会展活动得以进行的平台。根据会议活动和展览活动的需要，它一般分别设有专门的会议厅和展览厅。由于占地面积大、前期投入多、回报周期长，会展场馆一般都由国家投资建设，或由政府部门经营管理，或委托专门的企业组织进行管理。同时，随着会展业市场化的发展，会展场馆也逐渐出现了多元化的投资主体。

会展场馆根据不同的标准，有多种类型。

## （一） 按照主要用途划分

### 1. 博物馆

这是指对有关历史、自然、文化、艺术、科学、技术的实物、资料、标本等进行收集、保管、研究，并陈列其中一部分供人们参观、学习的专用建筑。例如，杭州除了有西湖等旅游名胜以外，还有位于龙井的中国茶叶博物馆、与同仁堂齐名的胡庆余堂中药博物馆、展示丝绸发展史的中国丝绸博物馆、南宋官窑博物馆等。

### 2. 展览馆

展览馆有两种含义：一种是指展览专用建筑物；另一种是指从事展览馆业务的，具有法人资格的事业或企业单位。

### 3. 美术馆

这是指以陈列展出美术工艺品为主，主要收集有关工艺、美术藏品，进行版面陈列和工艺美术陈列等的建筑物，有的也设立美术创作室。

### 4. 纪念馆

这是为纪念具有历史意义的事迹或人物而建造的建筑物。例如，江西省吉安县文天祥纪念馆兴建于 1984 年，1992 年对外开放，1996 年被命名为"全国中小学爱国主义教育基地"。这座建筑面积 2200 平方米，具有民族建筑风格的纪念馆，是京九线上的一处重要旅游景点。

### 5. 陈列馆

这是指一般为单纯的陈列展出，或设于建筑的一角，或成为独立的建筑，其中多陈列实物以供人们参观学习。

### 6. 会议中心

这是主要的会议举办场所，是举办各种会展等的主会场。主会场场地占地面积的多少，是根据会展主题要求、期望接待参展商的人数等因素来决定的。它不仅要足以容纳众多的参展商和与会者，而且要给参展商和与会者在心中留下深刻的印象。这个良好的印象应该是平和、健康、宽敞和安全。基于这些考虑，会议中心的场地和设施应符合实用性，与公共装置、绿化、步行道、停车场等构成一个有机的整体。在会议中心的室内，要使温度、湿度、采光、音响、交通等符合以人为本的需要。

### 7. 展览中心

这是指有固定场馆来展示陈列和举办一些定期、不定期的临时性展览会、博览会的场所。其基本内容是：主办者为了一定的目的，提出一定的主题，按照主题要求选择相应的展品，在展厅里或其他场所，运用恰当的艺术手法，在一定的材料和设备上展示出来，以进行宣传、教育或交流、交易。

### 8. 体育场

这是指为开展群体性体育活动而设置的体育活动教学、训练和竞赛的公共体育场所。体育场设有专职或兼职的技术指导和管理人员，负责日常工作。

### 9. 体育馆

这是室内体育运动场所的统称。大规模的体育馆包括篮球、排球、乒乓球、羽毛球等的比赛馆和练习馆。

### 10. 文化广场

这是指面积广阔的文化场地和场所。

### 11. 文化馆

这是国家设立在县（自治县）、旗（自治旗）、市辖区的文化事业机构，隶属于当地政府，是开展社会主义宣传教育、组织辅导群众艺术（娱乐）等活动的综合性文化部门和活动场所。

### 12. 城市规划展示馆

这是供人们进行传授、学习或增进知识等活动的公共建筑。它要求幽静的环境、必要的设备、适宜的空间和充足的光线等。如上海城市规划展示馆，建筑面积2万平方米，主体结构高43米，地上5层、地下2层。

### 13. 剧院

是指用于戏剧或其他表演艺术的演出场所。

## （二）按照规模大小划分

会展场馆按照规模大小可以分为大型会展场馆、中型会展场馆、小型会展场馆。

大型会展场馆是指会展场馆规模庞大，一般举办大型的国际性会议和综合性的展览活动，如广州国际会展中心、上海国际展览中心等。

中型会展场馆是指会展场馆规模比较大，一般举办区域性的国际会议、大中型的行业会议和行业性的展览活动，如西安国际会展中心、昆明国际会展中心等。

小型会展场馆是指会展场馆规模较小，一般举办地区性的会议和地区性、专业性的贸易展览活动，如广州锦江展览中心、广州百越展览中心等。

### （三） 按照会展内容不同划分

会展场馆按照会展内容不同可分为综合型会展场馆、展览型会展场馆、博览型会展场馆、会议型会展场馆。

综合型会展场馆是指可同时和分别举办会议和展览活动的场所，如上海国际会展中心、大连星海会展中心等。

展览型会展场馆一般只举办各类产品和信息的展览活动，一般不举办交流会议，如广东现代国际展览中心（东莞）、上海国际展览中心等。

博览型会展场馆是指举办各种画展、花卉展、艺术品展、文物展等博览性活动的场所，如上海新国际博览中心、广州花卉博览园等。

会议型会展场馆是指主要举办国际会议、行业会议等大型会议的场所，如北京国际会议中心、博鳌亚洲论坛会议中心等。

### （四） 按照性质不同划分

会展场馆按照性质不同可分为项目型会展场馆、单纯型会展场馆和综合型会展场馆。

项目型会展场馆是指不专门用于会展，只是偶尔举办会展的场所，如白天鹅宾馆展示厅、广东国际大酒店展览馆等。

单纯型会展场馆是指专门用于某种产品展览、某个行业展示和某种会议举行的活动场所，如广州花卉博览园、中国农业展览馆等。

综合型会展场馆是指可以举办各种商贸展览和交流会议的活动场所，如上海光大会展中心、武汉国际会展中心等。

### （五） 按照功能不同划分

会展场馆按照功能不同大致可以分为三种类型：大型展览中心、大型会议中心和会展中心。

大型展览中心和大型会议中心的功能较为单一，主要就是各类的展览和会议，如上海新国际博览中心、香港会议中心。

会展中心又可分为会展建筑综合体和会展城。会展建筑综合体是当今较为流行的一种会展场馆类型，包含展览、会议、办公、餐饮、休憩等多种功能，如加拿大大厦、墨尔本国际会展中心、上海世贸商城、大连星海会展中心。会展城指超大规模的会展中心，如英国国家展览中心、德国汉诺威会展中心等。

## 三、会展服务提供者

会展服务是会展市场中不可缺少的环节。相对于会展经营和场馆经营而言，会展服务更加多样化，包括展台的设计与装饰、展品运输、广告与信息服务、参展商和观众的接待、场馆的保洁服务等。这些服务随着会展市场化的发展必然走向专业化，将会由会展服务公司来提供。

## 四、参展商

参展商是受会展组织者邀请，通过订立参展协议书（或会展合同），在会展活动举办的特定时间内在展出场所展示产品或者服务的主体。作为会展场馆的客户群体，参展商是产品、技术等有形和无形商品的宣传者、经贸洽谈的卖方。

## 五、观众

观众是通过购买门票或提前注册入场参观、与参展商进行洽谈的自然人、企业以及其他相关的市场主体。根据身份不同，观众可分为普通观众和专业观众。普通观众就是一般的观众，专业观众包括贸易商、采购商、批发商等。一般说来，专业观众素质高，很多都能参与企业的决策。这也是当代展览的专业化倾向加重，更多地面向专业观众的根本原因。

会展是一种综合程度相当高、关联性非常强的经济活动。涉及会展的还有各级政府及工商行政管理部门、商会等相关协会、海关、税务、检验检疫等行政性质的主体，以及保险、广告、新闻、运输、酒店、保障等相关商业主体。这些部门都仅仅是会展业的边缘主体。

## 【复习思考题】

1. 会展的含义与特点是什么？
2. 会展的主要形式有哪些？
3. 会展业形成和发展的条件有哪些？
4. 会议场馆的类型有哪些？
5. 会展服务提供者为使展会成功举办，应该怎样为展会提供服务？列举一个你参加过的展会说明。

## 【案例分析】

古代农耕社会，人们往往在庆贺丰收、举行宗教仪式、欢度节日的时候展开交易活动，后来逐渐发展成为定期的、有固定场所的，以物品交换为目的的大型贸易及展示的集会。这就是世博会的最早形式。公元5世纪，波斯举办了第一个超越集市功能的展览会。

18世纪，随着新技术和新产品的不断出现，人们逐渐想到举办与集市相似，但只展不卖，以宣传、展出新产品和成果为目的的展览会。1791年，捷克首都布拉格首次举办了这样的展览会。随着科学技术的进步，社会生产力的发展，展览会的规模也逐步扩大，参展的范围从一地扩大到全国，由国内延伸到国外，直至发展成为由许多国家参与的世界性博览会。

第一届真正意义上的世博会是1851年在英国伦敦举办的。维多利亚时代是英国的鼎盛时期，工业革命的完成使英国成为欧洲的头号强国，殖民主义的扩张使英国自诩为"日不落帝国"，因为强大而带来的巨大号召力使英国成功地举办了这次盛会。

第一届世博会简介

地点：英国伦敦

会期：1851年5月1日—10月11日

名称：伦敦万国工业产品大博览会

由艾尔伯特亲王领衔的一个特别委员会指定著名的海德公园作为博览会场地，用招标形式建造的大型展馆长490米、宽117米、高33米，巨大的钢框架被81000平方米的玻璃完全覆盖，显得壮丽辉煌，后人将此称为"水晶宫"。

第一届世界博览会在热闹非凡的气氛中开幕，在占地9.6万平方米的展区中，展览用的桌子总长约有13千米。展览期间，有630万参观者。

伦敦世博会上约有18000名商人展出了他们带来的约10万件产品。这些展出品中包括了一块24吨重的煤块，一颗来自印度的大金钢钻，还有一头大象标本，而蒸汽机、农业机械、纺织机械则向参观者展示了现代工业的发展和人类焕发出的无限想象力。组委会为5000多位参展商颁了奖，其中中国送展的丝绸、旗袍、茶叶等获得了各种不同的奖项。

伦敦世博会的巨大成功，不仅体现在630万的参观者和18.6万英镑的盈利，更重要的是英国由此获得了巨大的声誉，而英国人民则得到了两座博物馆——艾尔伯特博物馆和坎星顿科学技术博物馆。伦敦世博会为英国奠定了两个博物馆的展品基础，这种做法成了以后历届世博会的优良传统。

**分析题：**

1. 以第一届世博会伦敦万国工业产品大博览会为例，分析大型展会成功举办的条件。

2. 上网查阅1999年昆明世博会、2006年沈阳世博会和2010年上海世博会相关资料，试分析国际和国内会展现状并对中国会展业发展提出建议。

# 第 二 章

## 会展策划概述

**本章导读**

本章应从会展策划的作用和方法展开学习。会展策划诸要素之间互相影响、互相制约，构成一个完整的体系。进行会展策划的学习，有利于会展策划（设计）人才具有全局性、前瞻性的专业理念，在全球化的背景下，既能站在会展业的前沿，高屋建瓴地进行策划，又能掌握系统扎实的会展设计、管理等知识，从而更好地胜任会展策划及相关的工作。

**【学习目标】**

1. 认识现代会展策划含义、特点和重要作用。
2. 掌握会展策划的主要内容和基本方法。
3. 通晓会展策划的整体流程，并且能够有效地评估和测定会展效果。

**【导入案例】**

### 创意云南——2015文化产业博览会

主题：文化创造财富·创意提升价值

时间：2015年8月7日—11日

地点：昆明国际会展中心

本次展会共分7个展馆，一个室外展区：

1号馆：玉雕大师作品展暨珠宝玉石展销专馆；

2 号馆：文化及旅游专馆；

3 号馆：当代艺术品展示展销专馆；

4 号馆：动漫展示展销专馆；

5 号馆、6 号馆：综合及国际展示展销馆；

7 号馆：刺绣布艺展示展销专馆；

南广场：木雕木艺展示展销专区。

其中 5 号馆、6 号馆汇集了众多国内外民族民间文化精品及其他衍生产品，为此次展会增添了更多国际化、多元化色彩，同时也为广大观众奉献出一场丰富的视觉盛宴。

在 5 号馆云南州市特色文化产品展销馆，除代表文山州参展的砚山县携独有的砚山玛瑙、窑上土陶、斗南弦子、白沙坡刺绣等展出外，还展出深受春城人民喜爱的中国祖母绿精品雕件、摆件、饰品及石榴石首饰。

此外，为营造云南文化产业发展氛围，推动云南文化产业发展，提升"文化创造财富·创意提升价值"的展会主题，本届展会还举办下列十大活动：

（1）创意云南 2015 文化产业博览会创建全国特色文化产业示范区研讨会；

（2）创意云南 2015 文化产业博览会"布尚云南"云南少数民族服饰设计大赛暨展演；

（3）创意云南 2015 文化产业博览会特色文化产业示范县、示范村、示范企业及云南特色文化产品销售示范街区评选活动；

（4）创意云南 2015 文化产业博览会云南玉雕大师评选活动暨玉雕大师作品展；

（5）创意云南 2015 文化产业博览会云南省葫芦丝巴乌全国邀请赛及梁河寻根之旅；

（6）创意云南 2015 文化产业博览会云南智慧景区建设座谈会；

（7）创意云南 2015 文化产业博览会中国国际（云南）文化旅游投资洽谈会；

（8）创意云南 2015 文化产业博览会第二届"云南十大刺绣名村"评选活动；

（9）创意云南 2015 文化产业博览会电子商务推广系列活动；

（10）创意云南 2015 文化产业博览会云南省"十二五"文产成就图片展示活动。

**请思考**：在会展活动中，创意策划具有什么作用和意义？

# 第一节　会展策划的含义、特点和作用

## 一、会展策划的含义

会展策划是在会展活动开始的最初阶段就要进行，有时甚至贯串会展活动始终的一种有限的、提前的、指导的活动。

一般来说，一份完整的会展策划，基本上包括策划者、策划对象、策划依据、策划方案和策划效果评估等要素。

策划者在会展过程中起着"智囊"的作用，策划者的素质直接影响着会展成果的质量水平；策划对象既可以是某项整体会展活动，也可以是其中某一要素（如会展设计）；策划依据包括策划者的知识结构、信息储存以及有关策划对象的专业信息；策划方案是策划者为实现策划目标，针对策划对象而设计创意的一套策略、方法和步骤；策划效果评估是指对实施策划方案可能产生的效果进行预先的判断和评估。

会展策划诸要素之间互相影响、互相制约，构成一个完整的体系。进行会展策划的学习，有利于会展策划（设计）人才具有全局性、前瞻性的专业理念，在全球化的背景下，既能站在会展业的前沿，高屋建瓴地进行策划，又能掌握系统扎实的会展设计、管理等知识，从而更好地胜任会展策划及相关的工作。

**【相关链接】**

## "互联网＋会展"的终极目标：智慧会展

"互联网＋会展"的终极目标应该是：智慧会展。智慧会展是以互联网作为"基础设施"，运用目前以及未来的信息和通信技术手段，收集、分析、整合会展行业的各类信息，通过"互联网＋"驱动，对包括策展、组展、场馆管理和运营、设计和工程、服务和运营，以及公共安全、环保、配套服务、相关活动等在内的全产业链上的各种资源做出智能配置，对各种需求做出智能响应。实质是要实现会展行业的智慧管理和智慧运行，进而促进行业的可持续发展。

智慧会展＝智慧配置＋智慧管理＋智慧运行。"互联网＋"对于智慧会展的驱动力在于，一是以大数据、云计算、移动互联网等为代表的新一代信息技术，二是由此逐步孕育产生行业内各种创新生态。前者是技术创新层面的技术因素，后者是行业创新层面的结构、经济因素。这是智慧会展的两大基因，不可或缺。围绕"互联网＋会展"，行业需要更有战略眼光和宏观布局，以及基于长远规划的产业链协调联动。从会展行业的构成和"互联网＋"的技术应用方面来看，智慧会展应该划分为智慧信息连接、智慧会展环境和智慧技术应用三个部分。智慧信息连接主要体现在互联网、云计算、大数据、可视化等技术上，是以确实可行的数据采集机制和大数据库为基础，完成会展数据的收集、管理、分析、筛选和运用。智慧会展环境是指围绕会展营销活动的整体环境的智慧化进程，包括策展、组展、场馆管理、会展运营、会展服务的全过程。智慧技术应用包括四大部分：一是用于决策的资源分析、选择类和会展效果反馈评估类的技术应用，二是与策展、组展、场馆相关联的应用平台（APP），三是用于展览展示效果的技术应用集成，四是会展经济所带动周边效应的相关技术应用。智慧会展的关键在于信息的共享、资源的有效利用以及管理的精细化，因此，在初期更应突出基础信息和基础资源这两个重点。智慧会展的核"芯"当然是"互联网＋"。对于每一个（次）会展活动的流程而言，"互联网＋"基本可以体现在四个层面上：互联网＋会展组织、互联网＋展馆管理、互联网＋会展运营、互联网＋会展形式。四个层面实际是一体的。通过与互联网融合，提升运作效率，获得更多的附加值，每一个领域的升级既是内因，也是量变。当四个领域由量变发生质变，其结果就是智慧会展。

# 二、会展策划的特点

## （一）针对性

会展策划是具有针对性的活动。它是会展理论在会展活动中的具体运用。在进行会展策划时，应首先明确会展活动应达到什么目的，它是针对什么问题而举办的会展。例如，有的会展以特定消费群体的生活方式为依据，具有鲜明的主题，这就要求在进行策划时必须围绕主题组织展品、开展活动。

## （二）系统性

会展策划是针对整个会展活动的运筹规划，因此具有系统性的特点。进行会展策划时要针对会展的各个方面各个环节进行权衡，使企业目标特别是通过参展而实现的企业市场营销目标具有一致性，使其在产品、包装、品牌、价格、服务、渠道、推销、广告、促销、宣传等方面保持统一性。这样可以减少会展策划的随意性和无序性，提高效率。

随着会展理论研究的不断深入，近年来有学者提出"立体策划"的概念，可以说是会展策划系统性的一种表现。

## （三）变异性

市场永远是变化的，会展策划必须充分考虑到市场的变化。例如，2003年春，突如其来的"非典"疫情打乱了几乎所有的会展计划，作为会展的策划者必须有充分的应对措施，才能适应这个变化。据悉，由于SARS的重创，中国会展业当年损失40亿元人民币，占会展全年收入的1/2。然而，当年的广交会开拓网络展览，其网上展览成交额达2.18亿美元，中国会展人首次学会了对危机说"不"。

## （四）可行性

可行性是指会展策划方案在现实中要切实可行。没有可行性的策划方案写得再美也只是纸上谈兵。一般来说，会展策划方案必须经过分析论证才能实施。分析论证策划方案的可行性主要围绕策划的目标定位、实施方案以及经济效益等主要方面进行。

## 三、会展策划的作用

对于会展的组织者来说，会展策划是会展运作的核心环节；对于参展厂商来说，会展策划提供的是参展策略和具体计划。

### （一）战略指导作用

策划是一种理性思维，以确保即将进行的活动有条不紊地按预定的目标进行。它是策划者为策划目标进行决策谋划、探索、设计多种备选方案的过程。决策者以策划方案为基础，进行选择和决断，从而保证决策的程序化和科学化。

战略指导作用是指会展策划能为会展活动的执行提供总体的指导思想。

以展览策划为例，诸如展览场地、展会规模、展会的主题及时间的安排、展会品牌、主要合作伙伴（行业）等方面，在会展策划方案中都要事先提出详细的预案。

### （二）实施规划作用

实施规划作用是指会展策划能为会展活动提供具体的行动计划。一般说来，会展策划方案通过之后，在具体的实施过程中可以根据情况适当调整，但会展活动运行的总体思路与要求是不会改变的，策划案是会展活动实施的主要依据。

### （三）进程制约作用

进程制约作用是指会展策划能安排并制约会展活动的进程。尤其大的会展活动，所涉及的工作千头万绪，在会展活动执行的进程中，必须严格按照策划所提出的方案进行工作，这样才能确保会展活动的顺利进行。

### （四）效果控制作用

效果控制作用是指会展策划能预测、监督会展项目活动的效果。某一会展活动在执行过程中是否达到预期的效果，对照策划案的相关要求就能够清晰看出。会展策划一方面能对会展活动的最终完成效果进行控制，另一方面也可对策划案本身的可行性、合理性进行检验。

### （五）规范运作作用

规范运作作用是指会展策划能使会展运作趋于科学、合理、规范。会展策划者在进行计划或规划之前，运用科学的策划运作程序对计划进行构思和设计，为计划生成提供智谋，有利于计划切实可行、预算投向可靠。

# 第二节  会展策划的主要内容

会展策划行为离不开市场，策划者必须以市场为导向，利用各种宣传、广告手段，营造商业氛围，形成市场声势，并利用各种关系和途径，建立起庞大的展会营销网络，进行广泛的市场推广和招展招商，最终令目标客户纷纷前来报名参加。在整个策划活动中，以专业的展会服务，赢得买家和卖家的支持与信赖十分重要。以展览为例，会展策划原则上是应该使80%以上的参展商都达到参展目的，使70%以上的参观商都达到参观效果为标准。

会展策划是一项综合性的工程，它涉及的内容是多方面的。一般说来，会展策划的内容有会展的调查与分析、会展的决策与计划、会展的运作与实施、会展的效果评价与测定等。

## 一、会展的调查与分析

会展的市场调查是选定会展项目的重要依据。它是会展策划的基础，也是必不可少的第一步。

一般情况下，市场调查要根据本地、本区域的经济结构、产业结构、地理位置、交通状况和展会设施条件等特点，围绕市场进行调查。市场调查的主要内容包括会展环境的调查、会展企业情况的调查、会展项目情况的调查、会展市场竞争情况的调查，以及参观商、支持协助单位等情况的调查。只有在充分了解市场潜力、市场限制以及市场动态等信息的基础上，才能有的放矢地进行策划。

## 二、会展的决策与计划

作会展决定是一个决策的过程，应该掌握一定的策略。影响会展决策的要素有营销需要、市场条件、营销方式、内部条件等，会展的决策与计划应从分析决策的要素入手，确定会展的基本目标、集体目标和管理目标，然后决定展会的战略安排、市场安排、方式安排等。

## 三、会展的运作与实施

会展的运作与实施是进行会展的中心环节，也是会展策划的中心之所在。在这个阶段，会展策划人员根据会展策划书的计划与安排进行广告宣传工作、组织招展招商工作、进行会展设计工作以及会展相关活动。

会展宣传的主要方式包括媒体广告和户外广告。媒体广告包括专业媒体（如报纸、杂志、网站等）和大众媒体（如电视、电台、主导型报纸等）。主办者可以围绕不同的会展特点和亮点来进行宣传。户外广告，则是在人流量较大的公共场所，以海报、灯箱、广告牌、宣传布幅、彩旗等形式进行宣传。

组织招展招商工作要求充分宣传、认真选择。在招展招商的准备阶段，需要建立潜在客户名单，设计并发放参展说明书，熟知参展中的知识产权问题等。

会展设计工作一般包括：第一，按实际需要将工作分为招展招商组团、设计施工、展会运输、宣传联络、行政后勤、展台工作、后续工作等几大类；第二，在各大类之下详细列明具体事项；第三，弄清工作之间的关系；第四，要定期检查工作进度和质量，及时发现并解决问题，以保证整体工作协调正常运作。

## 四、会展的效果评价与测定

计划、实施、评估，是现代经营管理的三个步骤。会展的效果评价与测定是全面验证会展策划实施情况必不可少的工作。当整个会展策划、实施工作结束后，会展人员应及时进行评估，总结经验，寻找问题，并写出评估测定工作总结报告，为以后会展工作准备可借鉴的历史参考文献，不断提高会展策划的水平。

会展评估工作一般包括两个方面：一是对展会环境、展会筹办工作及展会后台工作进行评估，这一部分工作在展会结束时完成；二是对展会工作及展会前台工作进行评估，这一部分比较复杂，先在展会结束时针对展台工作进行评估，然后在展会的后续工作过程中，跟踪评估。

---

**【相关链接】**

### 高质量的会展离不开专业的会展策划公司

在商业会展中，礼仪显得十分重要，这方面处理不当，则有可能影响企业的形象，甚至失去订单。

但还是有很多企业，对这些都不太了解，这就需要专业的会展策划公司。这些公司不但拥有专业的礼仪知识，拥有专业的礼仪人才，能够为企业提供专业的礼仪服务，还能为企业提供专业的策划方案，让企业真正达到参加会展的目的。

很多企事业单位举办庆典活动，除了想达到庆祝的目的，还想要达到宣传的目的，如果没有选择专业的会展策划公司来服务，那么无论是在庆典会场的布置，还是礼仪小姐的选择，抑或是策划方案的准备等一系列事宜，都需要主办方自己解决，而且是在不专业的前提下来进行的。为避免由于自己不专业而造成会展不能顺利进行，很多企事业单位在举办庆典活动时，都会选择专业的会展策划公司来服务，这些公司能帮助主办方布置庆典会场，能为主办方提供好的策划方案。

# 第三节  会展策划的基本流程和基本方法

大型展会如世博会的策划，不仅要考虑经济因素，还要考虑政治因素、社会文化因素等。在我国，虽然展会市场化的进程在加快，但不少的大型展览会还带有政府行为的色彩，其决策规划情况更加复杂。这里，参照国际展会的一般惯例，就一般展会的策划流程进行概述。

## 一、会展策划的基本流程

### （一）成立策划小组

会展策划工作需要集合各方面的人士进行集体决策，因此，首先要成立一个会展策划小组，具体负责会展策划工作。一般而言，会展策划小组应包括项目主管、策划人员、文案撰写人员、会展设计人员、市场调查人员、媒体联络人员和公关人员等。

项目主管一般由总经理、副总经理或业务部经理、创作总监、策划部经理等人担任。在会展公司里，项目主管具有特殊地位，他是沟通会展公司与展会服务承包商、参展商的中介。一方面，他代表会展公司与展会服务承包商、参展商等洽谈业务；另一方面，他又代表展会服务承包商、参展商等监督会展公司一切活动的开展。

策划人员一般由策划部的正副主管和业务骨干来承担，主要负责编拟会展计划。

文案撰写人员专门负责撰写各种会展文案，包括会展常用文书、会展业务社交文书、会展业务专用文书、会展业务推介文书、会展业务事务文书、会展业务合同协议文书、会展业务法律文书以及会展策划案等。文案撰写人员应该具有很强的文字表述能力，并能够精确地领悟策划小组的集体意图。

会展设计人员专门负责进行各种类型视觉形象的设计。会展设计人员是策划小组重要的组成部分。因为在整个会展策划过程中，诸如各种类型的广告设计、展示设计、展示空间设计等都需要设计人员的参与。设计人员必须具有很强的领悟能力和很强的将策划意图转化为文字、图画的能力。

市场调查人员应能进行各种复杂的市场行情调查，并能写出市场调查报告。

媒体联络人员要求熟悉各种媒体的优势、劣势、刊播价格，并且与媒体有良好的关系，能按照会展策划的部署，进行媒体规划，争取最佳的广告宣传效果。

公关人员应能够为会展公司创造融洽、和谐的公众关系氛围，获得各方面的支持帮助，同时能够从公关的角度提供建议。

在会展策划过程中，由项目主管负责，各方面人员需通力配合，协调一致，共同做好会展策划工作。

## （二）进行市场调查

市场调查是以科学的方法，有系统、有计划、有组织地收集、调查、记录、整理、分析有关产品或劳务市场等信息，客观地测定与评价，发现各种事实，用以协助解决有关营销的问题，并作为各种营销决策的依据。

会展市场调查是会展策划的基础。从传播学的角度来看，市场调查是会展策划者为了解市场信息，把握市场动态，进而确定会展目标和主题，编写会展策划方案，选择会展策略，检查会展效果等所需的调研工作。只有在系统地收集有关市场与相关背景的资料，并加以科学概括分析基础上确立的会展策划，才能很好地实现其总体目标。

在执行市场调查时，不仅要考虑本区域的优势产业和主导产业，还要考虑重点发展中的行业、政府扶植的行业等。具体分析行业市场情况，要摸清市场的归属，即买方市场还是卖方市场等。

主办者需要将市场调研的重点放在以下四个方面：市场前景分析，如政策可行性、市场规模及类型等；同类展会的竞争能力分析；本次展会的优势条件分析；潜在客户需求调查。

总之，在瞬息万变的市场中，如果没有科学的市场调研和预测做先导，会展的策划、运作就很难到达预期的目的。

## （三）决定会展策略

在一般情况下，会展决策应考虑营销需求、市场条件、营销方式、内部条件等因素。

在充分地进行市场调研与预测之后，需要进行会展目标市场的定位与制订会展营销计划。

以展览会为例，组织者在进行目标市场定位时需考虑以下因素。

第一，展览会的类型。组织者首先要明确自己所主办的是什么类型的展览会，因为政府主办的展览会、公益性质的展览会和商贸展览会在具体操作模式和策略的制定上有很大的区别。

第二，产业标准。导致展览目标市场定位复杂的原因之一是一次展览会往往要涉及多个产业。如举办一次汽车展览会，组织者除考虑汽车生产企业外，还要努力吸引销售、运输等汽车需求较大的企业，甚至一些研究机构等。

第三，地理细分。不同地区的参展商和专业观众有着不同的需求特征及营销反映，所以地理变量经常被作为划分展览市场的依据。在进行地理细分时，展会组织者不仅要分析不同国家的参展商对展览会的个性化要求，而且要弄清参展商在本国的具体分布，这样才能行之有效地进行决策。

第四，行为细分。行为细分是指根据参展商的参展动机、购买动机、购买状态或对展览会的态度等进行划分，其中参展动机被认为进行展览市场细分的最佳起点。

决定会展策略应该在充分掌握现有相关资料的基础上进行，如宏观政策环境、企业经营实力、会展市场竞争状况、顾客满意程度等。

## （四） 制订媒体策略

现代社会是一个信息社会，人与人之间、企业与企业之间都需要交流，而信息交流的主要载体便是各种各样的媒体。实施有效的媒体策略对会展组织者至关重要。会展组织者往往根据有限的广告预算以及举办会议、展览会、节事活动的需要和条件，来选择合适的媒体。在选择媒体的类型时需要综合考虑目标受众的媒体习惯、产品性质、信息类型以及广告成本等因素。

在市场经济的冲击下，中国传媒的市场化步伐越来越快。市场化程度的提高，带来了媒体的迅速成长或衰落，会展专业媒体也不例外。因而，在制订具体的媒体策略时，必须分析媒体在会展活动中的成长策略。以展览活动为例，在制订策略上，要综合考虑媒体在宣传活动中、联系活动中以及提升展览企业形象活动中的成长策略等。

例如，若从提升城市形象的角度分析，在一次大型的国际会议、展览会或节事活动中，城市政府面向媒体的主要工作包括以下三点：

第一，在会展活动开始之前，政府需要媒体对展会前期的准备工作、展会的特点及创新性等做大量宣传报道，具体方式有举行记者招待会，或组织专家学者讨论并在专门的媒体上发表声明，以吸引市民和潜在专业观众的注意。

第二，在展会举办期间，继续组织有关媒体尤其是本地的主流报纸或电视台对会展活动做进一步宣传，以满足不同公众对此次活动的关注需要。

第三，活动结束之后，政府应该鼓励媒体对此次活动的效应和成果等做总结性的报道，以加深公众的印象，并达到提升城市形象的目的。

若从参展商与媒体的角度来说，在展会开幕之前，参展商除了可以通过直接邮寄等方式与客户联系并邀请对方光临自己的展台外，还要积极利用各种形式的媒体对本企业的参展活动做大量的宣传，可以在报纸、杂志或参展手册上刊登广告，也可以利用展会主办者发行的展会快讯宣传和介绍企业参展产品，以吸引专业买家来洽谈。在展会期间，还可以通过别出心裁的现场表演、公关事件，或召开新产品推介会，来吸引媒体和专业观众的广泛关注。

另外，为推广企业的品牌形象或提高产品的知名度，参展商必须与媒体保持良好的关系，并积极提供有价值的新闻，争取让媒体在展会期间对本企业给予更多的报道。

纵观现有的会展杂志、报纸及网站的竞争格局和特点可以发现，专业刊物正走向多元化，刊物定位也更加鲜明，媒体的形式丰富多彩，互联网正在被广泛应用，因而，在会展的媒体制定上，必须与时俱进，选择更加有效的媒体策略。

## （五） 制订设计策略

一般而言，较大的展会活动，会展的有关设计问题在开展前几个月就开始了。

从参展商的角度来说，设计不仅仅是一个展台设计的问题，在策划阶段就要考虑设计展览结构、取得展览公司的设计批准、制作展会宣传册等。

展台设计根据情况要求有不同的设计原则、功能区分，所以其设计的策略也是千变万化的。

我们以宣传材料的设计与制作为例。对于参展商来说，狭义的宣传材料主要指各种文字资料，如宣传册页、新闻稿件等。而事实上，宣传材料不限于现场分发给观众或记者的文字资料，它还包括很多形式，如直接邮寄资料、产品介绍、DVD、纪念包（手提袋）、酒店的户外广告或展会的每日快讯等。

在宣传材料外观的设计上，必须尊重整体风格，同时，要能形成强大的视觉冲击力。外观设计主要是解决材料的形状和大小两个问题，并要求设计富有人性化，便于携带。

## （六）制订预算方案

良好的财务管理和预算控制是筹办会展最重要的因素之一，如果安排得当不仅将起到增加收益、提高效益的作用，而且能使管理者了解收入的来源及比例。预算是协助实现财务目标的一个工具。会展在制订预算时必须做到有计划、有步骤，不断更新信息。

一般来说，制订一份会展预算至少包括以下几方面的内容

第一，历史数据。回顾过去的工作，以便制订出相对精确的新预算。

第二，行政管理费。包括项目共享的费用如工资、奖金和复印、电话、信函来往、计算机等要支付的费用。

第三，收益。即预算带来的收入，包括拨款、预算、注册费、出售展品和纪念品的收入、赞助等。

第四，固定费用，如印刷和邮寄宣传资料所需的费用。

第五，可变费用，如餐饮费等。

第六，详细开列的项目。详细开列的项目列明预算中的各个项目。

第七，调整控制。由于预算是根据估计而制订的，因此不一定准确，需要不断地调整。

在会展中，为了衡量一个项目的财务成果，必须设置一个用于实现既定财务目标的预算开支。预算采用的方式，可视具体情况而定。

## （七）撰写策划方案

会展策划就是会展的策略规划，为了会展的成功举办，必须对会展的整体性和未来性的策略进行规划。它包括从构想、分析、归纳、判断，一直到拟定策略、方案的实施、事后的追踪与评估过程。

会展策划与计划不同，它有为达到目的的各种构想。这些构想和创意是新颖的，与目标保持一致的方向，有实现的可能。把策划过程用文字完整地记录下来就是会展策

划案。

广义的会展策划案可以涵盖经市场调查而产生的可行性研究报告、项目意向书、项目建议书以及广告策划方案、宣传手册等，包括围绕某次会展的展前、展期、展后所有的策划方案。

### （八）实施效果评估

展会的效果是长期的。展出者在重视并投入很大力量进行展台设计、产品展示、展览宣传、展台接待和推销等工作的同时，也应当投入相当的力量做会展后续工作。如果说会展相当于"播种"，建立新的客户关系，会展的后续工作就相当于"耕耘"与"收获"，将新的关系发展为实际的客户关系。会展的后续工作有很多，实施效果评估是其中的重要一环。

会展的效果评估内容也很丰富。有展会工作评估和展会效果评估。展会效果评估需要由展出者自己安排或委托专业评估公司来做。展会效果的评估内容有定性的内容也有定量的内容，条件许可的情况下尽量用定量的评估内容，这样，能使评估的结果更客观、更有价值。

## 二、会展策划的基本方法

会展策划的方法是多种多样的，到底选择何种方法进行策划，不仅要看会展策划团队所能利用的资源条件如何，更要看策划者本身所具备的学识、能力和素养。

### （一）系统方法

系统方法的主要原理是把实物看成一个完整的系统。这个系统既包括自身组成要素的各个方面，又包括各要素间的联系以及各相关实物间的关系与地位。系统的方法要求从系统的一方面或几个方面或整体出发，对策划对象进行不同角度的整体分析。

系统方法通常有以下5个步骤：

第一，确定策划目标。从系统的整体要求出发，提出需要解决的中心问题，确定会展活动所必须达到的目标与希望达到的目标。

第二，综合拟订方案。根据既定的会展策划目标，拟订可以实现的各种方案。

第三，分析评价方案。策划所形成的各种方案各有优缺点，应该通过分析、比较和评估，确定具有最佳价值标准，满意程度高的方案。

第四，系统选择，策划优选。通过综合分析、比较和计算，从诸多备选方案中选出最优化的方案。会展策划人员应该提出书面的策划报告，由会展项目主管部门决定最终方案。

第五，跟踪实施、调整方案。策划人员应该跟踪方案执行情况，以便及时发现问题，修改、补充原方案，最终实现策划目标。

## （二） 头脑风暴法

头脑风暴法是指采用会议的形式，如召集专家开座谈会征询他们的意见，把专家对过去历史资料的解释以及对未来的分析，有条理地组织起来，最终由策划者做出统一的结论，在这个基础上，找出各种问题的症结所在，提出针对具体项目的策划创意。

这种策划方法在进行会议时，策划人要充分地说明策划的主题，提供必要的相关信息，创造一个自由的空间，让各位专家充分表达自己的想法。为此，参加会议的专家的地位应当相当，以免产生权威效应，从而影响另一部分专家创造性思维的发挥。专家人数不应过多，应尽量适中，因为人数过多，策划成本会相应增大，一般 5～12 人比较合适。再者会议的时间也应当适中，时间过长，容易偏离策划案的主题，时间太短，策划者很难获取充分的信息。这种策划方法要求策划者具备很强的组织能力、民主作风与指导艺术，能够抓住策划的主题，调节讨论气氛，调动专家们的兴奋点，从而更好地挖掘专家们潜在的智慧。

头脑风暴法的优点是：获取广泛的信息、创意，互相启发，集思广益，在大脑中掀起思考的风暴，从而启发策划人的思维，想出优秀的策划方案来。

## （三） 德尔菲法

德尔菲法是指采用函询的方法或电话、网络的方式，反复咨询专家们的建议，然后由策划人做出统计，如果结果不趋向一致，那么就再征询专家，直至得出比较统一的方案。这种策划方法的优点是：专家们互不见面，不会产生权威压力，可以自由充分地发表自己的意见，从而得出比较客观的策划方案。

运用这种策划方法时，要求专家具备策划主题相关的专业知识，熟悉市场的情况，精通策划的业务操作。根据专家的意见得出结果后，策划人需要对结果进行统计处理。但是这种方法缺乏客观标准，主要凭专家判断，再者由于次数较多、反馈时间较长，有的专家可能因工作忙或其他原因中途退出，影响策划的准确性。

## （四） 智能放大法

智能放大法是指对事物有全面而科学的认识，然后在这种认识的基础上对事物的发展做夸张的设想，运用这种设想对具体项目进行策划。

由于这种方法受到一定的时间、地点以及人文条件的限制，具体操作要靠策划人自己来准确把握。这种策划方法容易引起公众的议论，形成公众舆论的焦点，进而很快拓展其知名度，成为炒作的原材料。"没有想不到的，只有做不到的"，是这种策划方法的原则。但是这种策划方法并不是一味地往大处想，而是在现有的客观条件下，合理地考虑到公众的心理承受力。这就是说，智能放大法是有一定风险的，太过于夸张，容易导致策划向反面发展，从而彻底改变策划的初衷。

需要指出的是，不论采取哪种策划方法，都必须围绕会展目标进行。从根本上来说，会展策划是调动一切可能利用的资源，运用科学合理的方法与手段，对会展项目的开展进行筹划、指导运作、实施的过程。会展策划所采用的方法得当，往往是策划方案是否可行的重要因素。

总之，会展作为一种营销方式，在开拓市场、巩固市场等方面发挥着重要作用。但是会展是一项复杂、浩繁的工程，它的工作环节很多，为了保证其可行、顺利、有效地展开，必须重视会展的策划工作。有学者指出，只有当会展被当作最有效的营销方式时才决定会展，而在决定会展后，能激发创意，有效地运用手中的资源，选定可行的方案，达到预期目标或解决一个难题，就是策划。会展策划在整个会展过程中扮演着重要角色。

## 【复习思考题】

1. 简述会展策划的主要特点。
2. 简述会展策划的主要内容。
3. 简述会展策划的基本流程。
4. 如何撰写会展策划？
5. 如何对会展效果进行有效评估？

## 【案例分析】

### 世界著名展览公司

会展业作为一种特殊的服务业，已成为在全球经济中占有相当比重的新兴产业，成为不少国家服务业中最重要的经济部门之一。从国际上许多成功的会展城市的情况来看，会展业特别是已经做出品牌的会展，为城市乃至整个国家带来了巨额利润和经济的空前繁荣。

近年来，北京市商务局整理了《全球知名会展公司（机构）信息集萃》。其中共收集了50家全球知名会展公司（机构）的基本信息。这些公司（机构）主要来自德国、美国、英国、法国、意大利、日本、巴西和新加坡等会展业比较发达的国家和地区，而且这些公司（机构）基本上是在本国会展公司（机构）排名中位居前列的。

这50家全球知名会展公司（机构）中共有14家在中国设立子公司、17家设立代表处；其中9家在北京设立子公司、13家在北京设立代表处。来中国投资的31家全球知名会展公司（机构）中，共有19家既致力于招展又致力于办展、6家主要致力于办展、6家主要致力于招展；其中，来北京投资的22家全球知名会展公司（机构）中，共有14家既致力于招展又致力于办展、3家主要致力于办展、5家主要致力于招展。这50家全球知名会展公司（机构）的基本信息包括公司（机构）规模、发展历程、业务重点领域、举办的重要会展和联系方式等内容。把这些公司（机构）按国家进行分类，可以了解来北京投资的公司（机构）以及它们的主要业务方向：招展或办展。

1. 德国知名会展公司

（1）法兰克福国际展览公司（Messe Frankfurt Exhibition）☆△▼

（2）德国汉诺威展览公司（Deutsche Messe AG，Hannover）☆△▼

（3）德国杜塞尔多夫展览公司（Messe Dusseldorf）☆△▼

（4）德国科隆展览有限公司（Koelnmesse）☆△▼

（5）德国慕尼黑国际展览集团（Messe Munchen International）☆△▼

（6）德国柏林展览公司（Messe Berlin GmbH）☆△

（7）斯图加特展览公司（Messe Stuttgart）★△▼

（8）德国埃森展览公司（Messe Essen GmbH）▼

（9）德国莱比锡展览公司（Leipziger Messe）☆△

（10）德国德马吉展览公司（DEMAGE）★△▼

2. 美国知名会展公司

（1）美国克劳斯公司（E. J. KRAUSE & ASSOCIATE，INC）☆△▼

（2）美国富瑞门集团（Freeman Decorating Company）★▼

（3）爱奇会展有限公司（IDG World Expo）☆▼

（4）美国麦杰克国际公司（MAGIC）★△▼

（5）美国包装机械协会（PMMI）★▼

（6）全美家庭用品制造商协会（International Housewares Association）▼

（7）美国 Questex 传媒集团（Questex Media）▼

（8）美国消费电子产品协会（CEA）▼

（9）美国 Pennwell 公司（Pennwell）▼

（10）美国博彩协会（American Gaming Association）▼

3. 英国知名会展公司

（1）励展博览集团（Reed Exhibitions）☆△▼

（2）蒙歌玛利展览有限公司（Montgomery）☆△▼

（3）英国国际贸易与展览有限公司（ITE Group Plc）☆△▼

（4）英国国研会展集团（IIR）☆△

（5）英国 Brintex 公司（Brintex）▼

（6）奥伟展览集团（Allworld Exhibitions）☆△

4. 意大利知名会展公司

（1）米兰国际展览公司（FMI）★△▼

（2）里瓦德尔 Fierecongressi 股份有限公司（Riva del Garda Fierecongressi S. p. a.）▼

（3）米兰博览会集团（Fiera Milano S. p. a.）△▼

（4）里米尼展览公司（Rimini Fiera S. p. a. ）▼

（5）意大利博洛尼亚展览集团（Bologna Fiere Gruppo）★▼

5. 法国知名会展公司

（1）法国爱博集团（GROUP EXPOSIUM）☆△▼

（2）法国巴黎展览集团（COMEXPO Paris）△▼

（3）马赛国际展览公司（SAFIM）▼

6. 日本知名会展公司

（1）日本 CMP 集团（CMP Japan Group）▼

（2）日本康格株式会社☆△▼

（3）日本杰科姆会展服务公司（JTB COMMUNICATIONS，INC）☆△▼

7. 巴西知名会展公司

（1）巴西奥冈达拉·马夏度展览公司（Alcantara Machado）▼

（2）巴西 Diretriz 集团（Diretriz Group）▼

8. 新加坡知名会展公司

（1）新加坡展览有限公司（Singapore Exhibition Services Pte Ltd）

（2）新加坡国际展览集团（Singex Group）★△▼

（3）新加坡会议与展览管理服务有限公司（CEMS）☆△▼

9. 其他知名会展公司

（1）万耀企龙展览集团（VNU Exhibitions）△▼

（2）中东展览联盟（Middle East Exhibition Union）★△

（3）西班牙马德里国际展览中心（IFEMA）☆△

（4）白杨树国际展览集团（Be Youthful Surpassor International Exhibition Group Ltd. ）☆▼

（5）加拿大 DMG 传媒集团（DMG World Media）☆△▼

（6）亚洲博闻有限公司（CMP）☆▼

（7）俄罗斯 Restec 展览公司（Restec Exhibition Company）▼

（8）葡萄牙 EXPONOR 国际展览公司（EXPONOR – Feira Internacional do Porto）▼

注：☆指在北京有办事处或分公司，★指在除北京以外的中国其他地区有办事处或分公司，△指主要投资目的是招展，▼指主要投资目的是办展。

分析题：

1. 试分析会展公司在促进会展业发展中的作用。

2. 挑选一家中国知名会展公司与国外会展公司进行比较。

# 第 三 章

## 会展项目立项策划与可行性分析

本章围绕会展项目中立项策划的方法和步骤开展，需要对可行性分析深入学习和掌握。会展项目立项策划就是根据掌握的各种信息，对即将举办的展览会的有关事宜进行初步规划，设计出展览会的基本框架，提出计划举办的展览会的初步规划内容。这些内容主要包括：展览会名称和地点、办展机构、展出范围、办展时间、展出规模、展览会定位、招商与招展计划、宣传推广计划、展览会进度计划、现场管理计划、相关活动计划等。

## 【学习目标】

1. 掌握会展市场信息收集的方法、范围。
2. 学会如何确定展会主题，掌握会展立项策划书的主要内容与写作方法。
3. 掌握展会项目立项可行性分析的内容及结构。

## 【导入案例】

### 2011 年广州高尔夫球博览会立项策划书

1. 会展市场环境

据市场调研结果显示，中国是目前世界上最具有潜力的高尔夫球产业市场。因此主办方有信心利用多年积累的庞大国际客户资源以及行业经验，将"中国高尔夫球博览会"打造成为亚洲乃至全世界极具影响力的产业峰会，同时将在中国南方打造一个全新的"亚洲国际高尔夫球博览会"。据悉，未来的中国高尔夫球博览会将加大培训力度，聘请海内外专家分享先进技术及先进管理经验，并加大高质量买家的邀请，使中国高尔球博览会成为真正意义上的集信息交流、新技术新产品展示、教育培训、商业联络为一体的高尔夫球产业促进平台。

2. 政策支持

广州高度重视会展产业发展并给予大力扶持，先后出台相关政策文件，未来几年力争会展业主要指标位居亚洲前列，会展业成为广州市现代服务业的支柱产业之一。

3. 展会基本框架

（1）名称：2011年广州国际高尔夫球博览会。

（2）举办时间：2011年10月20日—22日。

（3）主办单位：中国高尔夫球协会、北京励展光合展览有限公司。

（4）承办单位：北京励展光合展览有限公司。

（5）举办地点：广州锦汉展览中心。

（6）展会规模：展览面积约18208平方米，预计展商200个，参观人士超过2000人。

（7）展会定位：目标参展商是涉及高尔夫产业方面的设计企业、制造企业、相关的高尔夫球俱乐部，目标观众是高尔夫球爱好者和一般的普通大众。

（8）办展目标：加强展会的国际知名度，使其成为参展商开拓市场，提升品牌形象的专业平台。

（9）办展频率：每年一次。

（10）展品范围：球场与练习场设施设备及建设用品展区、高尔夫个人用品消费品及OEM生产展区、高尔夫设计建造行业/服务及媒体区、高尔夫球具特卖区。

4. 会展价格（略）

5. 会展地点的选择

广州锦汉展览中心位于广州市商业中心地带，与周边酒店、休闲设施及便利的交通构成一个成熟的商务会展区域，是专业展览会的理想举办场所。

6. 人员分工计划

（1）安保工作。聘请有安保经验的人员到现场维持秩序，负责门票的验收。

（2）清洁人员。可委托当地的清洁公司负责场馆每天展后的清洁工作。

（3）翻译人员。聘请2—3个翻译人员到展台前负责必要的翻译工作。

（4）柜台人员。主要负责参展商办理参展的手续。

（5）指引人员。主要在馆外给观众指引到展馆的道路。

（6）后勤人员。负责展会期间的有关事务。

7. 招展计划（略）

8. 大会宣传

（1）通过大型户外广告牌进行宣传；

（2）通过电视、报纸、杂志、广播、网络及其他大众传媒进行全面的宣传推广；

（3）通过智能交通、安防、消防、网络等行业专业媒体进行全面宣传推广；

（4）在国内外具有规模和影响力的同类和相关专业展览会进行宣传推广，通过与国外对口专业组织合作，进行国际采购招商与推介；

（5）出版博览会电子期刊，专题介绍博览会有关活动的情况；

（6）建设博览会官方网站，与业内知名网站、展商网站进行链接，并与阿里巴巴等商务网站合作，将博览会相关活动及参展企业信息在网上进行宣传推广；

（7）通过积累的行业资源及广大客户网络，进行精准性的宣传推广。

**请思考：会展成功举办需考虑哪些因素？**

会展项目立项策划就是根据掌握的各种信息，对即将举办的展览会的有关事宜进行初步规划，设计出展览会的基本框架，提出计划举办的展览会的初步规划内容。这些内容主要包括：展览会名称和地点、办展机构、展出范围、办展时间、展出规模、展览会定位、招商与招展计划、宣传推广计划、展览会进度计划、现场管理计划、相关活动计划等。

会展活动是一项复杂而系统的工程，其成功的一个关键因素在于选题立项策划的科学性与合理性，而选题立项策划的基础是充分的市场调查，在掌握了足够的市场信息和相关的产业信息之后，展览目标与题材的选择、展会主题的确立以及具体展会项目立项策划都是策划举办展会必不可少的环节。

# 第一节 会展市场信息收集

全面收集会展项目的各类信息是一个会展项目得以成功举办的基础和关键。市场信息收集的过程是一个系统的、有目的的市场调查过程，它主要是通过各种市场调查手段，有目的地、系统地收集、记录和整理有关的市场信息和资料，客观地反映市场态势，为全面认识市场、进行市场分析和预测，以及为办展机构进行科学决策提供依据。

## 一、信息收集的方法

### （一）利用网络进行信息收集

随着互联网的广泛应用，网络给人们的生活带来了很多便利，同时拉近了人们之间的距离。利用网络进行信息收集是一种非常便捷的信息收集手段，并具有时效性强、覆盖面广、方便快捷等特点。但有一点值得注意的是，对一些重要的信息要进行多方面的分析和比较，以保证信息的准确性和时效性。

## （二）利用传统媒体收集

利用传统媒体收集信息是一种比较传统的信息收集方式，但这种方式还是比较有效的，也经常被人们所采用。各种媒体的信息传递方式不尽相同，在信息收集时也应注意各自的特点。例如，电视传递信息的速度快，但一般比较宽泛，所以要想取得更详细的信息仅靠电视是不够的，只有通过其他渠道才能获得；报刊传递信息的速度没有电视那么快，但它所刊载的一些信息一般都比较详细，如我国新颁布了一项法规，电视的新闻报道可能只报道一个标题，而报刊则会全文登载。

## （三）向有关部门索取相关信息

在展览会信息的收集过程中，还可以向有关机构或部门索取展览会的相关信息。这些部门主要包括政府部门、大使馆商务处、国际组织、商会、行业协会等。在向上述组织索取信息时，索取信息的范围也要有所不同。向政府部门主要收集产业规划、产业政策、法规和统计数据等方面的信息，向行业协会主要收集行业发展状况、发展趋势预测与分析和企业名录等方面的信息。

## （四）通过同类展览会现场收集信息

在确定举办一个展览会之前，要尽可能多地参观几个在不同区域举办的同类展览会。这种方式的成本可能相对较高，但收集的信息具有一定的可靠性，是第一手资料，对策划自己的展览会有一定参考价值。通过现场参观，可以了解他们的展出规模、布展水平、参展商和专业观众的区域分布，并能够收集参展企业名录等，同时可以了解他们的长处与不足，为自己的展览会的整体策划和制订竞争策略提供依据。

## （五）通过专门的市场调查机构收集信息

随着我国市场经济的不断深入和社会化分工的逐步细化，我国市场上出现了许多从事市场调查和市场信息收集的专门机构。正规的市场调查机构会有一定数量的专业人员，他们能够根据客户的要求，制订专门的市场调查程序，利用较为科学的调查方法，有针对性地收集信息。这样，经过他们整理分析而得出的调查结论还是较为客观和真实可信的。

采用不同的信息收集方式、不同机构提供的信息具有不同的类型和特点。（见表 3 - 1、表 3 - 2）

表 3 - 1　信息收集方式与信息范围对应

| 信息收集方式 | 信息类型 | 特点 |
| --- | --- | --- |
| 网络 | 产业规划、法规政策、行业预测、统计数据、展览会信息、企业名录等 | 范围宽泛、准确性不够 |

| 信息收集方式 | 信息类型 | 特点 |
|---|---|---|
| 电视媒体 | 法规政策、行业预测、统计数据、展览会信息、企业名录等 | 准确、传播速度快、详细度不够 |
| 报刊 | 法规政策、行业预测、统计数据、展览会信息、企业名录等 | 详细、准确 |
| 展览会现场考察 | 展览会信息、行业市场信息、企业名录等 | 准确、费用较高 |

表 3 - 2　有关机构与可供信息对应

| 信息获取机构或方式 | 信息类型 | 特点 |
|---|---|---|
| 政府部门 | 产业规划、法规政策、统计数据等 | 宏观、准确 |
| 行业协会 | 产业规模与分布、行业预测、企业名录等 | 宏观、微观、准确 |
| 国际会展组织 | 展览会信息 | 具体、准确 |
| 国际行业组织 | 产业规模与分布、行业现状与发展预测等 | 宏观、准确 |
| 大使馆商务处 | 展览会举办国产业规模、企业名录等 | 具体、准确 |
| 市场调查机构 | 行业市场信息 | 较准确、费用较高 |

从上面两个表可以看出，搜集信息的方式不同，会影响到信息的类型和特点；有关机构因职能分工不同，它们所提供的信息也有区别。这就需要信息采集者根据自己的实际需求，运用自己的专业知识，对搜集到的信息加以认真分析和甄别，以保证信息的准确性和真实性。

## 二、展览会信息收集的范围

### (一) 产业信息

一个展览会可能会涉及一个或几个相关联的产业。涉及产业规模的大小会直接影响到展览会的展出规模。为此，收集产业信息时，一般要收集产业性质、产业规模、产业集群分布、厂商数量、产品销售方式和产业技术含量，以及行业发展状况等方面的信息。

#### 1. 产业性质

产业性质指这个产业是新兴产业，还是老旧行业，是朝阳行业，还是夕阳产业。对于不同的产业，会展的作用是不同的。如新兴产业，由于其市场规模在急剧扩大，企业的盈利性较好，举办展会是较为合适的；但夕阳行业，由于绝大部分最终将走向消失，会展只会增加其运营成本，因此就要缩小展出工作规模，甚至不再做展出工作。

### 2. 产业规模

在这一方面主要收集该产业的生产总值、销售总额、进出口总额和从业人员的数量等，这些信息是策划举办会展项目时需要参考的重要数据。了解产业的生产总值和销售总额可以为预测会展的规模提供依据；了解产业从业人员数量可以为预测到会参观的专业观众的数量提供重要参考。这些数据是策划举办展览会时所必不可少的重要参考信息。

### 3. 产业集群分布

任何一个产业都会有相对集中的产业带，这是按照其自身行业的发展规律，经过一定时间的发展而自然形成的。产业集群分布是制定会展招商招展和宣传推广策略的基础。一般来说，产业集群集中区域，企业的数量和从业人员自然会多。掌握相关产业集群分布状况对展览会组织机构来说十分重要，因为它与以后确定展览会举办地点和制订展览会的招商招展与宣传推广策略有着密切的联系，这也是展览会组织机构制订展览会招商招展和宣传推广策略的基础。以电子信息产业为例，我国电子信息产业已初步形成了以珠江三角洲、长江三角洲、环渤海湾地区、部分中西部地区为主的四大电子信息产业基地。它们具有电子信息企业集中、产业链较为完整、具有相当的规模和配套能力等特点。电子信息产品制造业的主要优势领域为通信设备、计算机、家用电器、视听产品和基础元器件。所以，只有在掌握了上述类似的信息的基础上，制订的策略和方案才会具备目的性和可执行性，减少市场风险。

### 4. 厂商数量

展览的举办必须有足够数量的厂商。如果产业拥有的厂商数量较多，则展会的潜在参展商和专业观众也会多，展会举办成功的可能性也较大，反之亦然。

### 5. 产品销售方式

产品的销售方式及其成熟度对举办展览会的影响也比较大。如某产业产品的销售网络比较健全，大型批发市场较多，各个企业的销售渠道已经自成体系，在此行业招展就会遇到很大的困难，涉及该行业的展览会的举办难度也会加大。再者，举办展览会必须遵循涉及行业的特点和规律。有些行业的产品，上市的季节性很强，举办这些产业的展览会，必须按照产品的上市季节来确定展览时间，否则展览会很难成功。

### 6. 产业技术含量

产业技术含量主要是指该产业的产品以及生产设备所需要的技术的难易程度以及它们的体积大小和重量等。了解这些信息，对展会项目策划的场地选择非常重要，因为不同的会展场馆在室内高度、地面承重、展馆进出通道等方面的技术数据不一样，其对展品的要求也不一样。一般情况下，产品的体积不是太大，比较方便搬运、运输，产品更新换代较快的产业更适合举办展览会，并且适合每年举办一届或者两届。而那些产品比较笨重和产品生命周期比较长的行业则比较适合两年举办一届。由于各地的展览场馆在展馆室内高度、场地承重、展馆进出通道等方面的限制，这类展览会往往不在展馆内展出，而是在室外展出。了解这方面的信息对我们确定展览会的展出地点和举办周期是十分必要的。这类展览会主要有矿山机械设备展览会、航空展览会和重型机械设备展览会等。

另外，在收集产业信息时，还要密切注意并收集行业的发展趋势、热门话题和行业的亮点等方面的信息，这些信息对今后策划会展相关活动很有帮助。

### （二）市场信息

我国会展业经过多年发展，市场化程度越来越高，大多数展览会完全用市场化的方式和手段来运作，也就是通常所说的"商业性展览会"。即使是政府主导型的展览会也在逐步向市场化的方向转变。由此可以看出，市场化经营是我国会展业发展的主流。举办市场化的商业性展览会，需要对市场进行全面和详细的了解，对各种市场信息进行全面的认识和深入的分析，在其基础上做出的决策才具有科学性和准确性。从策划举办一个展览会的实际需要出发，需要收集以下几个方面的市场信息。

#### 1. 市场规模与发展信息

一个展览会所涉及产业的市场规模一般会决定在该产业内举办展览会的规模，尤其在一些细分行业内举办的展览会，在这一方面的影响更为明显。如果市场规模过小，展览会的展出规模就很难扩大，甚至不能成功举办。由此可见，会展业不是一个完全独立存在的产业，它是一个与其他产业相互依存、相互促进、相互发展的产业。

同时，市场的变化瞬息万变。任何一个产业市场都会有扩大或缩减的可能性。如果一个产业市场缩减到一定程度，就会失去了在该产业内举办展览会的基础。作为一个明智的展览会组织者，在关注相关产业市场的同时，更重要的还要密切关注相关产业市场的变化动态，根据产业市场的变化，随时调整办展策略，降低展览会组织者的经营风险。

#### 2. 市场竞争状况信息

目前，就我国的市场而言，独家企业垄断市场的现象几乎不复存在，行业内企业之间的竞争越来越激烈。只是行业的不同，其表现形式和竞争的激烈程度也不一样罢了。企业的市场竞争意识决定着企业的参展意愿。市场竞争较自由的行业，行业内企业的竞争意识也就相对强烈。他们都想通过参加展览会这种方式来推销自己的产品，扩大自己产品的市场占有率，所以，在该产业内举办展览会就较容易成功。而市场竞争度不高或市场垄断性较强的产业，行业内企业的市场竞争意识也会相对较弱，在该产业内举办展览会的难度就较大。还有一种情况，就是市场的大部分份额被少数几家大企业占据着，他们对市场产生决定性的影响。他们的市场行为对行业内其他的企业产生重大的影响，他们是否参展往往会关系到一个展览会的成败。

### 3. 经销商与终端客户信息

在组织展览会的过程中，一个展览会的参展企业不仅仅是生产企业，经销商和零售商也占有一定的比例。在一些区域性的展览会中，经销商和零售商占的比例可能会更大。他们不但是展览会组织者的目标客户，还有可能是展览会的专业观众。在组织一个国际性展览会时，除了邀请经销商和零售商外，还应该邀请进出口商届时参展或参观，他们是一支展览活动中不可忽视的有生力量。所以，掌握一个行业的经销商数量和分布状况，对展览会组织者制订展览会的招商招展计划有着重要的意义。

另外，展览会组织者还应该了解举办展览会所涉及行业产品终端用户的消费形态、购买渠道和方式等。例如，机械加工设备等行业的产品以生产加工型企业购买为主，而轻工、日用品行业则以个体消费为主，有些行业产品则两者兼之。所以，掌握展览会所涉及行业产品终端用户的消费形态，其主要目的是为展览会邀请和组织买家与观众做准备，以及采取相应措施来刺激消费者的消费欲望。

### 4. 行业组织信息

在我国目前的市场经济条件下，随着政府职能的转变，行业协会或商会的作用在行业内越来越重要。我国一些经济发达地区，行业组织一般成立较早的，它们的号召力和凝聚力也就更强。一般来说，产业内存在行业组织，就意味着该产业内有一些较统一的行业规范和行业管理，产业内的企业行为和市场行为会受到某些条例的约束，其市场竞争和市场发展也就有序。以会展行业为例，虽然全国性的会展行业协会尚未成立，但许多地方却成立了自己的行业协会，并根据各地的实际情况，采取各种措施和手段来协调与规范自己的会展市场。其主要目的就是通过行业协会的作用使会展市场健康有序地发展，避免恶性竞争。所以，行业组织对一个展览会的评价或看法会较大程度地影响到企业的参展意愿和参展行为，它们在行业内的招商招展能力是一般展览会组织者无法相比的。因此，在举办展览会时，在了解行业组织作用的基础上，应积极争取行业协会的支持与合作，这样会取得事半功倍的效果。

## （三）法律法规信息

即使在世界上许多市场经济发达的国家，其所有的产业和市场都不同程度地受到所在国家有关法律法规的影响和约束，但不同产业和市场受影响的程度也不相同。我们国家也是如此。从一个展览会组织者的角度来说，了解国家的法律法规对成功策划和举办展览会十分重要。所以，在策划举办一个展览会时，需要从以下几个方面来了解有关法律法规的信息。

### 1. 产业政策信息

一个国家在不同的历史发展时期会制定不同的产业政策，根据国家整体经济发展的需要，采取鼓励、扶持、限制等政策来促进或限制某一个或几个产业的发展，以保证整个国家国民经济的平稳发展。现阶段，我国对那些高新技术产业就采取鼓励和优先发展的政策，对那些市场竞争力不强的民族产业则采取扶持政策，而对那些高耗能、污染严重的产业采取限制发展的产业政策。如果我们在那些国家鼓励和扶持的产业里举办展览会，一般会得到政府的支持，展览会的成功概率也比较高。

### 2. 产业发展规划信息

产业发展规划是国家和地方政府为了保证其国民经济的平稳发展，对其产业在某一发展阶段内的发展所做的长远和宏观规划。如我国的"十二五"规划就涉及各大产业并对各产业的现状、存在的问题、发展目标以及所采取的政策与措施都做了详细的阐述。各地方政府还结合自己的实际情况制订自己的重点产业和优先发展产业的发展规划。这些规划在某种程度上决定着该产业在今后一定时期内的发展状况和发展趋势。一般来说，如果举办的展览会与政府规划的重点产业和优先发展产业结合紧密，就容易得到政府的支持，企业对展览会的反应也会比较强烈。所以，在政府规划的重点产业和优先发展产业里举办的展览会一般容易成功，并具有较为广阔的发展空间。

### 3. 市场准入信息

市场准入包括两个方面：一个是国家对生产或经营企业资格的准入；另一个就是政府对产品销售、使用和生产等方面的市场准入政策，如国家对电工产品和食品强制推行安全标志、对药品实行特许经营、对香烟和酒实行"专卖"等。这些规定会直接或间接地影响企业的参展意愿和参展行为。在这些行业里举办展览会，就要采取与其他行业不同的办展策略，一般来说，在这些行业举办展览会的难度相对较大。

### 4. 产品进出口政策信息

在不同的产业发展阶段，国家对其产业的产品进出口也会实施不同的政策。这些产品的进出口政策对举办国际性的展览会会产生直接的影响。如果我国某一产业的发展比较落后或其产业的产品满足不了市场的需要，为了促进相关产业的发展或满足市场需求，平抑物价，对该产业的产品就会采取相对宽松的进口政策和相对优惠的关税税率。在这种情况下，国外企业参加在我国举办的展览会就会有较高的积极性。另外，在WTO的框架下，国与国之间的贸易壁垒减弱，但随着贸易额的增长，贸易摩擦也在不断产生。为了限制一个国家的某一类产品大量进入另一个国家，这个国家往往会采取征收高关税的报复性政策。这些政策对国外企业参加展览会都会产生非常重大的影响。再如，如果一国禁止或限制某类产品进出口，那么海外企业不管是参展还是参观展览会的意愿都会非常低。我国对展览会展品的入关有着详细的规定，在举办国际性展览会时，除了了解我国有关产品进出口政策信息外，还必须详细地了解展品报关、监管和清关的手续与程序，以确保展览会的顺利举办。

### 5. 知识产权保护

现在，展览会已成为参展企业发布和推介新产品较为理想的场所，很多企业利用展览会这一有利时机来展出和宣传自己的新产品与新设计。如何保护这些新产品和新设计的知识产权，如何保护参展企业的合法权益，是展览会主办者所必须面对的一个十分重要的现实问题。前些年，在展览会上时常会出现侵犯知识产权的展品，参展企业之间知识产权纠纷案件也时有发生。这些事件的发生影响了展览会的声誉，也从一定程度上妨碍了我国会展业的健康发展。为此，国家商务部、国家工商总局、国家版权局和国家知识产权局于 2006 年 1 月 10 日发布了《展会知识产权保护办法》，并自 2006 年 3 月 1 日起施行。此办法共 7 章 35 条，并对适用范围、当事人的法律责任、投诉处理等事宜做了详细的规定。这也为展览会组织者处理知识产权纠纷案件提供了法律依据。

## （四）相关展览会的信息

就目前我国的展览市场来看，已经基本不存在没有展览会的产业。因此，在策划举办展览会时，一定要对该行业内现有展览会的情况有所了解。了解这些信息，一方面，可以为决定是否在该产业内举办展览会提供决策依据；另一方面，如果以现场参观的方式来了解相关展览会信息的话，既可以收集参展商的信息，扩大自己目标参展商的数据库，又可为在该产业内举办展览会制订相应的竞争策略提供参考依据。一般情况下，在策划举办展览会时，至少要收集到以下 3 个方面的信息。

### 1. 同类展览会的数量和分布信息

在收集同类展览会信息时，首先要关注的是它的数量和区域分布。因为一个产业或几个相关产业的企业总量有限，如果同类展览会的数量越多，在举办展览会时，所占有的客户资源就越少，会给展览会的招商和招展工作带来一定的难度；如果这些展览会的分布区域相对分散，这就说明展览会之间的竞争激烈程度相对减弱，对举办类似的展览会也相对有利。

### 2. 同类展览会的竞争信息

在同一题材的展览会之间，不管展览会的规模大小和影响力如何，它们之间的竞争是不可避免的。这是市场经济的基本法则，也是目前展览市场存在的一个不可争辩的事实。所以，在策划举办一个新展览会时，展览会的组织者必须尽可能详细地了解同类展览会之间的竞争关系和它们竞争的激烈程度。只有这样，制定的各种策略才具有可行性。

### 3. 重点展览会的基本信息

重点展览会就是那些基本代表展览会所涉及产业现状和发展趋势的展览会。一般来说，这些展览会的举办历史较长，举办机构具有一定的权威性，招商和招展的网络比较健全，并且展出规模和影响都较大、行业口碑比较好，这些展览会是一个新展览会项目的主要威胁。所以，在策划一个新展览会时，要尽量详细地掌握该题材内所有展览会的基本情况，这对策划立项举办新的展览会是十分重要的。

总之，会展企业在收集信息时，必须明确收集信息的目的和用途，并有针对性地进行收集，这样才能收集到对会展策划和组织有价值的信息。

# 第二节　展览会主题的确定

充分收集信息并进行分析之后，我们才可以确定展会的主题。确定展览会主题对于要计划举办的展览会来说是十分重要的。它不仅关系到展览会的展出范围、展出规模，还将关系到展览会未来的发展前景。为此，在展览会立项策划过程中，要认真对待这项工作，准确无误地确定展览会的主题。

## 一、确定展览会主题需要考虑的几个主要因素

### （一）产业结构因素

产业结构因素主要是考虑展览会举办城市及周边地区的经济结构和产业结构等状况，这对最后决定是否进入该城市举办展览会将起着重要的作用。

### （二）主导产业因素

主导产业因素就是在要进入某城市举办展览会时，要考虑的产业排列顺序为：该城市及其周边地区的优势产业、主导产业、国家或当地重点发展产业和政府扶持的产业。

### （三）城市自然因素

城市自然因素主要包括展览会举办城市的辐射能力、地理位置、航空与铁路交通状况、城市接待能力和展览设施等。

### （四）市场细分因素

市场细分就是按照消费者的需求和欲望，把整个市场分成几个或若干个子市场。通过市场细分，办展机构可以分析和把握市场机会，找到自己的目标市场，并找出适合自己举办展览会的行业。

## 二、细分市场分析与预测

通过市场细分为办展机构找到了进入某一行业举办展览会的市场机会，但是否真正决定进入该行业举办展览会，还必须对该细分市场进行仔细分析和预测。经过分析，得出的结果是该行业确实存在举办展览会的机会，并具有较好的发展前景，就可以举办该题材的展览会。一般来说，主要从以下5个方面对行业细分市场进行分析和预测。

### （一）产业市场规模是否够大

展览会的展出规模由参展企业的数量来决定。如果产业市场规模过小，产业内企业的数量自然不会多，而将来参加展览会的企业也就少。在这种情况下，办展机构进入该

行业举办展览会要慎重。

## （二）产业市场是否具有较好的发展前景

任何一个市场都有一个培育和发展的过程。如果该行业市场目前的规模不是太大，但经过分析和预测，该市场近几年的增长率比较高，确实具有较好的发展前景，这时就可以抢占"商机"，进入该行业举办展览会。这样做，虽然目前展览会的规模不大，但随着该行业市场规模的不断扩大和行业内企业数量的增多，举办几届展览会之后，其展出规模也一定会随之而扩大。

## （三）行业市场是否能给企业带来合理的利润

行业市场是否能给企业带来合理的利润主要包括两个方面的内容：一个是在注意分析和预测细分市场的规模和发展前景的同时，还要注意分析和预测该市场是否能给行业内的企业带来一定的经济效益。另一个就是分析在该行业举办展览会是否能给办展机构带来利润。如果在一定时间内不能给办展机构带来相应的经济效益，办展机构也就无法生存，就更没有必要进入该行业举办展览会了。

## （四）行业市场的竞争态势

### 1. 行业市场内企业之间的竞争态势

如果该市场的大部分份额由少数几家大型企业占据，他们对展览会关注度又不是太高，在这种情况下，即使进入该行业市场举办展览会，也一定会困难重重。

### 2. 办展机构之间的竞争态势

在进入该市场之前，是否已经有其他办展机构进入。如果有的话，只有在分析了其优势、劣势及其办展策略后，才能决定是否进入该市场。

### 3. 细分市场的竞争自由度

细分市场的竞争自由度给业内企业带来的经济效益比较丰厚，当进入该市场举办展览会时，需保持高度警惕，密切关注市场的发展动态，积极应对实力强大的其他办展机构进入。

## （五）办展机构的资源优势

办展机构在进入一个新行业举办展览会之前，必须对自己所占有的各种办展资源进行认真、客观的分析。这些资源优势主要包括：政府部门和行业管理部门支持力度优势，客户资源优势，办展策划、组织、实施与服务优势，以及办展机构的资金支撑优势等。任何办展机构都不可能是全能的，每个办展机构都有自己的优势和劣势，在进入一个新行业举办展览会之前，应对自己的办展资源进行科学和准确的评估，以便为自己进入新行业成功举办展览会提供有力的保证。

# 三、确定展览会主题常用的几种方法

确定展览会主题，通常可以从以下四种题材中选取和提炼。

## （一）全新题材

全新题材是指办展机构在从未涉足过的新行业里举办展览会。进入一个新行业举办展览会，其工作难度加大，并具有一定的挑战性，但对展览会组织机构而言，也会有不少好处。一般来说，办展机构进入一个新行业举办展览会需要具备以下几个条件：

**1. 办展机构要占有一定数量的行业信息资源**

这些行业信息必须准确，来源要可靠，并具有时效性。也就是说，这些信息基本上能反映出该行业和行业市场的现状与未来发展走向。

**2. 办展机构要具备一定数量的展览会涉及行业的企业资源**

这主要关系到展览会的招商招展工作是否能顺利进行以及制订展览会的整体发展策略。

**3. 办展机构要具备一定可利用的社会资源**

这些社会资源主要包括政府主管部门和行业协会等机构。有些时候，这些部门支持力度的大小往往会直接影响到展览会的展出规模和影响力的大小，甚至会关系到一个展览会的命运。这一点对一个新举办的展览会显得尤为重要。

**4. 办展机构要有一定的专业人才**

这里所说的专业人才不是指办展专业人才，而是指展览会涉及行业的专业人才。办展机构进入一个陌生行业办展，必须掌握一定的专业知识，还要了解该行业市场的竞争规则。

**5. 办展机构要具备一定资金支撑优势**

就一个新展览会而言，一般前期投入都比较大，甚至前几届会出现收支平衡或亏损的状况。这当然与办展机构对展览会的定位有着直接的关系。无论如何，没有一定数额的资金支持，该展览会的发展前景再好也很难继续举办下去。

相对而言，具备上述这5个条件的办展机构进入一个新行业举办展览会的市场风险会大大降低，成功的概率也会相对提高。

## （二）分离题材

分离题材是指按照目前市场细分的原则，把原有展览会中归属于某一细分市场的企业或者展品分离出来，举办一个独立的展览会。采用这种"一分为二"的策略，通常要满足以下几个条件：

**1. 规模条件**

规模条件主要是指原有的展览会已经发展到一定的规模，某一细分题材在原有的展览会中已经占有一定的比重，并呈现出迅速发展的态势。

**2. 客观条件**

客观条件主要是由于场地限制、展览会定位等，某一细分题材在原有的展览会中已经很难再进一步扩大，如果将这一细分题材独立分离出来单独举办，将会有更大的发展空间。

### 3. 题材细分条件

某一细分题材在原有展览会中虽然占的面积比较大，但将其从中分离出来，原有展览会不会受到太大的影响，而且原有展览会还可以得到更大的发展空间。

### 4. 产业发展条件

根据产业结构的发展，这一细分题材已发展成为一个相对独立的产业，使其分离出来，更适合独立办展，并具有一定的发展潜力。

### 5. 资金支撑条件

资金支撑条件主要指办展机构要具备足够的资金、专业人才和技术优势来培育这一独立的展览会。

总之，采用这种方式对原有展览会进行分离，我们必须遵循有利于两个展览会共同发展的原则。

## （三）扩展题材

扩展题材是指将现有展览会还没有涵盖的那些与现有展览会题材有密切关联的题材纳入现有展览会题材的一种方法。在展览会的组织、实施过程中，展览会组织机构常常会采用这种方法来扩大参展企业数量和观众来源，扩大展览会的展出规模，使现有展览会的题材更具完整性、专业性和行业代表性。对一个现有展览会进行扩大展出范围、补充新的展览题材时，必须以满足以下 3 个条件为前提。

### 1. 关联性

新补充的细分题材必须与现有展览会的题材有一定的关联性。不能单纯为了扩展而扩展，避免盲目扩展。

### 2. 有效补充性

新增加的细分题材是对现有展览会的有效补充，不会因为新细分题材的加入，而影响到现有展览会的专业性和达标性。

### 3. 展出场馆的可利用性

展出场馆要有足够的发展空间，新补充的细分题材不可挤占现有展览会的展出空间，并且新细分题材的加入不会影响到现有展览会的整体展出效果。

## （四）合并题材

合并题材是指将两个或两个以上题材相同或近似的展览会合并为一个展览会或者是按照产业的关联性把两个或两个以上彼此相同的细分展览题材分离出来，形成另一个全新的展览会。为了使合并题材达到预期的效果，降低市场和经营风险，在展览题材合并时一般要考虑以下因素：

### 1. 近似性与关联性

近似性与关联性是指合并的题材必须是同一或近似行业，并且它们之间一定要有很强的关联性。

### 2. 不利影响的规避性

不利影响的规避性是指在合并题材涉及两个或两个以上展览会时，要采取切实可行的相应对策，将题材合并给各展览会带来的不利影响降到最低程度。

### 3. 时机性

时机性是指要根据行业产品的市场营销规律，选择最佳合并的时机，使合并后的展览会能为行业内企业所了解和接受，并能提高他们参展和参观的积极性。

### 4. 互利互惠性

互利互惠性就是当题材合并在两个或两个以上的办展机构之间进行时，办展机构之间应本着平等合作和互利互惠的原则，在题材合并前要商定彼此之间的责权范围和利益分配方案。否则，将会影响展览会的组织与实施。

# 第三节　会展项目立项策划书

会展项目立项策划书是为策划举办一个新会展而提出的一套规划、策略和方法，它是对会展立项策划各项内容的归纳和总结。

项目立项是行业分析和项目构思的结果，必须考虑周全。展览组织者策划一届展览会，首先明确要举办一个什么性质、什么主题的展会，然后做一个初步的构想，包括展出的内容、时间、场地、展台售价、合作伙伴以及目标客户等，分析其与自身的能力和目标是否相吻合。如果主办方经过评估认为值得，则需要通过可行性分析对展览会进行更具体的审核。

## 一、会展项目立项策划书的内容结构

一般来说，会展项目立项策划书主要包括以下内容：一是办展的市场环境分析。包括：对展会展览题材所在产业和市场的情况分析，对国家有关法律、政策的分析，对相关展会的情况的分析，对展会举办地市场的分析等。二是提出展会的基本框架。包括：展会的名称和举办地点、办展机构的组成、展品范围、办展时间、办展频率、展会规模和展会定位等。三是其他内容。包括：展会价格及初步预算方案、展会工作人员分工计划、展会招展计划、展会招商计划、展会宣传推广计划、展会筹备进度计划、展会服务商安排计划、展会开幕和现场管理计划、展会期间举办的相关活动计划和展会结算计划等。

## 二、会展项目立项策划书的基本要素及写作方法

### （一）会展的名称

会展的名称一般包括三个方面的内容，即基本部分、限定部分与行业标识。

## 1. 基本部分

用来表明展览会的性质和特征。常用词有：展览会、博览会、展销会、交易会和节等。一般来说，展览会是以贸易和展示宣传为主要目的的展会，专业性较强，展览现场一般不准零售；博览会是指以展示宣传和贸易为主要目的的展会，展览的题材多而广泛，专业性不强，展览现场一般也不准零售；展销会是指以现场零售为主要目的的展会；交易会和节的含义较广，同时具有展览会、博览会、展销会三者的含义。

需要指出的是，尽管以上不同类型展会的功能有所区别，但在实际操作中，有混用的现象，都用来表示展会。

## 2. 限定部分

用来说明展会举办的时间、地点和展会的规模、性质。常用的时间表示法有"届"、"年"和"季"等，如"第十八届中国北京国际科技产业博览会"，限定部分是"第十八届"和"中国北京国际"。

## 3. 行业标识

用来表明展览题材和展品范围。行业标识通常是一个产业的名称，或者是一个产业中的某一个产品大类。如"第十六届中国国际机械工业展览会"，其行业标识是"机械工业"。

让我们来看一个例子："第十一届北京国际广告技术设备展览会"，其基本部分是"展览会"，限定部分是"第十一届"和"北京国际"，行业标识是"广告"。

## （二）办展机构

办展机构是指负责展会的组织、策划、招展和招商等事宜的有关单位。办展机构可以是企业、行业协会、政府部门和新闻媒体等。一个展览会的办展机构一般有以下几种：主办单位、承办单位、协办单位、支持单位等。

## 1. 主办单位

主办单位是指拥有展会并对展会承担主要法律责任的办展单位。主办单位在法律上拥有会展的所有权。例如，"上海国际工业博览会"其主办单位由国家发展改革委员会、商务部、工业和信息化部、科学技术部、中国科学院、中国工程院、中国贸易促进委员会以及上海市人民政府等多家单位组成。但这些主办单位不参与会展的实际策划、组织、操作和管理。

## 2. 承办单位

承办单位是指直接负责展会的策划、组织、操作与管理，并对展会承担主要财务责任的办展单位。承办单位是办展机构中较为核心的单位。例如，"第二十届大连国际汽车工业展览会"其承办单位为中国国际贸易促进委员会大连分会和大连国际商会展览公司。

## 3. 协办单位

协办单位是指协助主办或承办单位负责展会的策划、组织、操作与管理，部分地承担展会的招展、招商和宣传推广工作的办展单位。

### 4. 支持单位

支持单位是指对展会主办或承办单位的展会策划、组织、操作与管理，或者是招展、招商和宣传推广等工作起支持作用的办展单位。

对于一个展览会来说，主办单位和承办单位是最为核心和最为重要的办展机构，是必不可少的。协办单位与支持单位可视展会的实际需要来定。

## （三）办展时间

办展时间主要解决三个问题：一是什么时间为最佳办展期，二是展览时长多长合适，三是展览周期问题。

### 1. 展览时间的确定

要掌握市场对目标展品需求的季节变化，选择适当的时间办展。如市场对服装这一产品需求的季节性变化很大，服装展就必须充分考虑这一情况；又如高校毕业生人才洽谈会，应当充分考虑用人单位的需求和高校学生的毕业时间因素。

### 2. 展览时长的确定

一般说来，在参观人数基本固定的前提下，展览时间越长，各项支出就越多，成本就越高，效益就越低。反之，成本就越低，效益就越好。国际上许多专业展会的展览时间一般为 3 天。

### 3. 展览周期的确定

展览周期应根据市场需求来确定。如中国进出口商品交易会（广交会）原来是一年一届，由于市场需求旺盛，现已改为一年两届，每届三期。

展会周期还有根据气候因素来决定的。由于春秋两季气候宜人，许多展览会放在3—6 月或9—12 月举行。

## （四）举办地点

会展的举办地点，包括三个方面的内容：一是会展在哪个国家，哪个城市举办；二是会展在哪一类场馆举办，如酒店、展览馆、会议中心等；三是确定在哪一个场馆举办。

展会选择在哪个国家和城市举办，是与展会的展览题材、展会的性质和展会的定位分不开的。一般的选址总是在交通便利和较重要的经济中心。国际性的展会，一般应在对外交通和海关比较便利的地方举办，这样可以方便海外企业参展和观众参观。

在具体选择展馆时，还要综合考虑使用展馆成本的大小如何、展期安排是否符合自己的要求以及展馆本身的设施和服务水平等因素。

## （五）展品范围

展会的展品范围要根据展会的定位、办展机构的优劣势和其他多种因素来确定。根据展会的定位，展品范围可以包括一个或者是几个产业，或者是一个产业中的一个或几个产品大类。例如，"博览会"和"交易会"的展品范围就很广，几乎无所不包，而德国"法兰克福国际汽车展览会"的展品范围涉及的产业就很少。

## （六）办展频率

办展频率是指展会是一年举办几次还是几年举办一次，或者是不定期举行。从展览业的实际情况看，一年举办一次的展会最多，约占全部展会数量的80%，一年举办两次和两年举办一次的展会也不少，不定期举办的展会已经是越来越少了。

办展频率的确定受展览题材所在产业的特征的制约。几乎每个产业的产品都有一个生命周期，产品的生命周期对展会的办展频率有重大影响。

产品的投入期和成长期是企业参展的黄金时期，展会的办展频率要牢牢抓住这两个时期。

## （七）展会规模

展会规模包括三个方面的含义：一是展会的展览面积是多少，二是参展单位的数量是多少，三是参观展会的观众有多少。在策划举办一个展会时，对这三个方面都要做出预测和规划。

在规划展会规模时，要充分考虑产业的特征。展会规模的大小还会受到展会观众数量和质量的限制。

## （八）展会定位

通俗地讲，展会定位就是要清晰地告诉参展企业和观众本展会"是什么"和"有什么"。具体地说，展会定位就是办展机构根据自身的资源条件和市场竞争状况，通过建立和发展展会的差异化竞争优势，使自己举办的展会在参展企业和观众的心目中形成一个鲜明而独特的印象的过程。

展会定位要明确展会的目标参展商和观众、办展目标、展会的主题等。

## （九）展会价格和展会初步预算

展会价格就是为展会的展位出租制定一个合适的价格。展会展位的价格往往包括室内展场的价格和室外展场的价格，室内展场的价格又分为空地价格和标准展位的价格。

在制定展会的价格时，一般遵循"优地优价"的原则，即那些便于展示和观众流量大的展位的价格往往要高一些。展会初步预算是对举办展会所需要的各种费用和举办展会预期获得的收入进行的初步预算。

在策划举办展会时，要根据市场情况给展会确定一个合适的价格，这样对吸引目标参展商参加展会十分重要。

## （十）人员分工、招展招商和宣传推广计划

人员分工计划、招展计划、招商计划和宣传推广计划是展会的具体实施计划，这四

个计划在具体实施时会互相影响。人员分工计划是指对展会工作人员的工作进行统筹安排。招展计划是指为招揽企业参展而制定的各种策略、措施和办法。招商计划是指为招揽观众参观而制定的各种策略、措施和办法。宣传推广计划则主要为建立展会品牌和树立展会形象，以及展会的招展和招商服务。

### （十一）展会进度计划、现场管理计划和相关活动计划

展会进度计划是指在时间上对展会的招展、招商、宣传推广和展位划分等工作进行的统筹安排。它明确在展会的筹办过程中，到什么阶段就应该完成哪些工作，直到展会成功举办。展会进度计划安排得好，展会筹备的各项准备工作就能有条不紊地进行。

现场管理计划是指展会开幕后对展会现场进行有效管理的各种计划安排，它一般包括展会开幕计划、展会展场管理计划、观众登记计划和撤展计划等。现场管理计划安排得好，展会现场将井然有序，展会秩序良好。

展会相关活动计划是指对准备在展会期间同期举办的各种相关活动做出的计划安排。与展会同期举办的相关活动最常见的有技术交流会、研讨会和各种表演等，它们是展会的有益补充。

# 第四节　会展项目立项可行性研究

完成了会展项目立项策划书，并不意味着该立项的会展就可以举办了。项目立项只是对举办什么题材的展会和如何举办该展会提出了一个初步的意见，制定了初步的方案，至于该展会是否真的可以举办和该方案是否真的可行，还需要对该展会项目及方案进行可行性分析。可行性分析的结论及其他必须考虑的因素，才是决定最后是否可以举办该展会的最终依据。可行性分析完成之后，要形成可行性研究报告。

## 一、会展项目立项可行性分析的内容结构

### （一）市场环境分析

市场环境分析包括宏观市场环境分析、微观市场环境分析和市场环境评价。

宏观市场环境包括对人口环境、经济环境、技术环境、政治法律环境、社会文化环境等的分析。

微观市场环境包括对办展机构内部环境、目标客户、竞争者、营销中介、服务商、社会公众等的分析。

市场环境评价一般采用SWOT分析法，即内部优势、内部劣势、外部机会、外部威胁分析。

## （二）展会项目生命力分析

展会项目生命力分析包括项目发展空间分析、项目竞争力分析等。

项目发展空间分析即对举办该展会所依托的产业空间、市场空间、地域空间、政策空间等是否具备进行分析。

项目竞争力分析包括对展会定位的号召力、办展机构的品牌影响力、参展商和观众的构成、展会价格、展会服务等进行分析。

## （三）展会执行方案分析

展会执行方案分析包括对计划举办的展会的基本框架进行评估、对招展招商和宣传推广计划进行评估。

对计划举办的展会的基本框架进行分析包括：展会名称和展会的展品范围、展会定位之间是否有冲突，办展时间、办展频率是否符合展品范围所在产业的特征，展会的举办地点是否适合举办该展品范围所在产业的展会，在展会展品范围所在产业里能否举办如此规模和定位的展会，展会的办展机构在计划的办展时间内能否举办如此规模和定位的展会，办展机构对展会展品范围所在的产业是否熟悉，展会定位与展会规模之间是否有冲突。

对招展招商和宣传推广计划进行评估包括：招展计划评估、招商计划评估、宣传推广计划评估。

## （四）展会项目财务分析

### 1. 成本预测

举办一个展会的成本费用一般包括：（1）展览场地费用。即租用展览场馆以及由此而产生的各种费用。这些费用包括：展览场地租金、展馆空调费、层位特装费、标准层位搭建费、展馆地毯及铺设地毯的费用、展位搭装加班费等。（2）展会宣传推广费。包括广告宣传费、展会资料设计和印刷费、资料邮寄费、新闻发布会的费用等。（3）招展和招商的费用。（4）相关活动的费用。包括技术交流会、研讨会展会开幕式、嘉宾接待、酒会、展会现场布置、礼品、请展会临时工作人员的费用等。（5）办公费用和人员费用。（6）税收。（7）其他不可预测的费用。

### 2. 收入预测

举办一个展会的收入一般包括：（1）展位费收入。（2）门票收入。（3）广告和企业赞助收入。（4）其他相关收入。（5）盈亏平衡分析。（6）现金流量分析。（7）净现值分析。（8）净现值率分析。（9）获利指数。（10）内部收益率。（11）风险预测。包括市场风险、经营风险、财务风险和合作风险。

# 二、会展项目立项可行性研究报告的写作要求

会展项目立项可行性研究报告是办展机构进行决策是否要举办该展会的重要依据，

因此，会展项目立项可行性研究报告的写作必须做到材料真实充分，分析客观科学，判断准确有理。

### （一）市场环境分析

市场环境分析是展会立项可行性分析的第一步，它是指根据展会立项策划提出的展会举办方案，在已经掌握的各种信息的基础上，进一步分析和论证举办展会的各种市场条件是否具备，是否有举办该展会所需要的各种政策基础和社会基础。市场环境分析不仅要研究各种现有的市场条件，还要对其未来的变化和发展趋势做出预测，使立项可行性分析得出的结论更加科学合理。

### （二）展会项目生命力分析

市场环境分析是从计划举办的展会项目的外部因素出发来分析举办该展会的条件是否具备；展会项目生命力分析则是从计划举办的展会项目的本身出发，分析该展会是否有发展前途。分析展会项目的生命力，不是只分析展会举办一届或两届的生命力，而是要分析该展会的长期生命力，即要分析如果本展会举办超过五届以上，本展会是否还有发展前途的问题。

### （三）展会执行方案分析

展会执行方案分析是从计划举办的展会项目的本身出发，分析该展会项目立项计划准备实施的各种执行方案是否完备，是否能保证该展会计划目标的实现。展会执行方案分析的对象是该展会的各种执行方案，分析的重点是各种执行方案是否合理、是否完备和是否可行。

需要强调的一点是，对展会基本框架进行评估，重点不是分析构成展会基本框架的某一个因素的策划安排是否合理和可行，而是从总体上分析展会基本框架是否合理和可行。因为，尽管对构成展会基本框架的每一个因素的策划安排可能是合理和可行的，但由这些因素所构成的展会基本框架从总体上看却可能是不合理和不可行的。所以，要避免这种"个体合理，群体冲突"现象的出现，对展会基本框架进行评估就十分重要。

### （四）展会项目财务分析

展会项目财务分析是从办展机构财务的角度出发，分析测算举办该展会的费用支出和收益。展会项目财务分析的主要目的是分析计划举办的展会是否经济可行，并为即将举办的展会指定资金使用规划。

### （五）风险预测

从展会立项可行性分析的角度看，风险就是办展机构在举办展会的过程中，由于一些难以预料和无法控制的因素的作用，办展机构举办展会的计划和举办展会的实际收益与预期发生背离，从而使办展机构举办展会的计划落空；或者是即使展会如期举办，但办展机构有蒙受一定的经济损失的可能性。

## （六）存在的问题

包括通过以上可行性分析发现的展会项目立项存在的各种问题、研究人员在可行性分析以外发现的可能对展会产生影响的其他问题等。

## （七）改进建议

针对上述问题，提出对展会项目立项策划的改进建议，指出要成功举办该展会应该努力的方向等。

## （八）努力的方向

根据展会的办展宗旨和办展目标，在上述分析的基础上，针对存在的问题，提出要办好该展会所需要具备的其他条件和需要努力的方向。

## 【复习思考题】

1. 简述会展市场信息收集的方法和范围。
2. 试述会展立项策划书的主要内容与写作方法。
3. 试述会展项目立项可行性分析的内容结构。

## 【案例分析】

## 2011 年广州高尔夫球博览会会展策划的可行性报告

1. 社会、经济意义

加快企业树品牌创名牌步伐，加快国内高尔夫球产业的发展，有利于国内高尔夫球市场的发展，有利于当地高尔夫球运动的发展壮大，推动当地经济发展。

2. 会展项目的 SWOT 分析

（1）优势：展馆地理位置条件优越；展会所在城市经济发达，市场潜力巨大；专业性强。

（2）劣势：高尔夫球在会展举办城市还不普及；会展品牌不够响亮。（对策：政府可出台政策让高尔夫球运动深入普通大众；会展公司加大对展会的宣传力度。）

（3）机遇：高尔夫球产业在中国有巨大的市场潜力；广州经济发达，将有越来越多的人参与到高尔夫球运动中。

（4）挑战：国外同行知名品牌展会的竞争；展会历史短，举办经验不足。（对策：寻求外国知名会展公司合作，发展自己的品牌；向国外学习先进办展经验。）

3．项目执行方案

（1）展览事务部：负责博览会招展招商、展位安排和展馆现场管理和服务等工作。

（2）环境卫生部：委托清洁公司负责展会期间的清洁卫生。

（3）新闻宣传部：负责展前展中的宣传工作。

（4）安全保卫部：负责展会期间的安全保卫工作、现场秩序维持工作。

（5）后勤接待部：负责参会宾客的后勤保障等工作。

4．进度安排

（1）布展：2011 年 10 月 18 日—19 日。

（2）展览：2011 年 10 月 20 日—22 日。

（3）撤展：2011 年 10 月 22 日。

5．经费预算（略）

**分析题：**此报告的内容是否完整？请结合本章所学知识对其进行完善。

# 第 四 章

## 会展招展策划

本章导读

本章重点围绕会展活动中招展策划的方法和步骤开展学习。招展方案是在招展策划的基础上，为展位营销而制订的具体执行方案。招展方案是对会展招展工作的整体规划和总体部署，它是会展策划诸多方案中的核心方案之一，对会展的招展工作有着重要的影响。编制会展的招展方案，要在全面掌握市场信息的基础上，结合会展的定位，参考展览题材所在行业的特点，对各项招展工作进行统筹规划和科学安排。

## 【学习目标】

1. 通过案例教学，学生学会如何进行招展的宣传与推广工作。
2. 了解和掌握招展代理的选择及其管理。
3. 学会编写招展书和参展商手册。

## 【导入案例】

### 2015 年上海高端进口食品展招展工作拉开序幕

第九届上海食品展会圆满闭幕之后，大会组委会又在紧锣密鼓为 2015 年的展会做准备，上届展会为期 3 天，共吸引了国内外 3 万多名专业观众，现场的 500 多家展商与前来参观、洽谈的观众热闹地交谈着，许多观众都在详细咨询着自己心仪的产品。前来采访的央视 7 套、上海东方卫视和浙江卫视的记者们也是忙得不亦乐乎。种种新颖、奇特的产品都纷纷记录在摄影师的镜头下。现场的下届展会报名处来咨询的人也是络绎不绝。展商、观众纷纷表示此次展会做得十分成功。组委会也声明达到了预期效果。在展会结束之后我们又专门到展会组委会做了一期专访，采访的是上海富邦展览服务有限公司的郑总监，咨询了以下几个问题：

（1）上届展会能达到那么好的效果是怎么做到的？

郑总监：招展前期我们要求工作人员与专业对口的网站媒体、报纸、杂志广泛合作，招展中期实时编辑招展情况在网上发布，招展后期我们通过短信、邮件、传真、微信公众平台不间断地发布展会信息，以及招展全程进行百度推广。这样一来就可以使专业观众在不同的媒介上了解到我们的展会。

（2）你们这样宣传成本是不是要提高很多？

郑总监：企业拿着辛苦挣来的钱，从不同地方来参加我们的展会，就是对我们的信任，对我们工作的肯定。我们就一定要把展会宣传做得完善，我们不是为了挣钱，我们做的是展会品牌，把利益尽可能地让给展商，让展会效果达到最佳化。

（3）下届展会你们准备怎么策划？

下届展会我们定在 2015 年 10 月 23—25 日，还在上海光大国际展览中心召开。除了之前有的高端进口食品饮料展区、高端饮用水展区、健康食用油展区、绿色有机食品展区、优质大米及品牌杂粮展区，还会增加中华老字号食品展区和中国非物质文化遗产食品展区。展出面积也会有所增加。在展会宣传上还要再下功夫。我们要做出自己的特色，做出自己的品牌。

**请思考：会展招展策划具有什么意义？**

参展商的数量和质量，是决定会展成败的关键。招展就是办展机构招揽企业参加会展的行为。招展策划是对招展活动方案进行的策划，是会展整体策划中最基础的工作之一，也是会展筹备过程中最重要的环节之一，招展策划是否合理，内容是否完善，直接关系到招展工作的执行，招展工作的好坏直接影响会展的效果，也是会展能否取得成功的关键。

# 第一节　建立目标参展商数据库

招展策划的第一步是通过广泛收集目标参展商的信息，建立一个完整实用的目标参展商数据库，为展会招展做好基础性的准备工作。如果没有一个完整实用的目标参展商数据库，招展工作就是无米之炊，无法展开。一个好的目标参展商数据库不仅是展会招展的基础，也是进行展会规模预测和制订展会招展方案的基础。

所谓目标参展商，是指办展机构认为可能会来参加展会展出的企业和其他单位。这些企业主要是该展会展览题材所在行业的企业，也有少数是与该题材所在行业有关联的行业的企业。目标参展商是会展招揽展出者的目标范围，会展招展是在掌握了展览题材所在行业企业的基本数量、特征和分布状况的前提下进行的，会展的展位营销工作基本就是针对这些企业而展开的。因此，要建立一个完整实用的目标参展商数据库，首先必须广泛收集目标参展商的有关信息。

# 一、收集目标参展商信息的方法

目标参展商的有关信息可以通过各种方法来收集：

## （一）通过行业企业名录收集

很多行业有一些资料齐全的行业企业名录或者企业大全，办展机构可以从这里找到大量的目标参展商信息。

## （二）通过商会和行业协会收集

各行业的商会或者协会一般与本行业内的企业联系密切，掌握了大量的企业信息，办展机构可以通过与商会和行业协会的合作得到这些有用的资料。

## （三）通过政府主管部门收集

政府主管部门对自己主管的行业的企业一般比较了解，与企业也有一定的联系，是一个重要的信息来源。

## （四）通过专业报刊收集

各行业的专业报纸和杂志与行业内企业的往来密切，掌握了一定数量企业的信息。另外，通过收集专业报刊上企业的广告也可以掌握一定数量的企业信息。

## （五）通过同类会展收集

同类会展是收集目标参展商资料的一个理想场所。在会展上，可以到各展位直接收集每一个参展商的信息，也可以通过购买会展会刊或参展商名录来收集。

## （六）通过外国驻华机构收集

各国驻外机构每年都会向本国企业推荐一批著名的会展供它们作参展选择，因此，通过外国驻华机构收集该国企业信息也是一种不错的选择。

## （七）通过专业网站收集

专业网站上有大量的企业注册用户，也有很多企业在网站上做广告，上网是收集企业信息的一种快捷途径。

### （八）通过电话黄页收集

电话黄页与行业企业名录类似，里面也有大量的本地企业的信息。电话黄页对于那些收集某一特定地区范围内的企业的信息尤其实用。

## 二、收集目标参展商的信息内容

收集目标参展商的信息，除了要收集它们的名称、地址、联系电话、传真、E-mail和网址、联系人等基本信息外，还要收集关于它们生产的产品的种类、目标市场、企业规模等信息，因为这些信息对以后会展招展工作有重要的参考价值。

在收集目标参展商信息时，除了要掌握每一个具体企业的基本信息外，还要从总体上把握这些信息。从总体上把握是指要从宏观上对这些信息加以分析和把握，如分析该行业企业的结构状况，分析该行业企业的地区分布状况，了解行业的市场特点等，这些信息对于办展机构进行招展策划大有帮助。

收集到上述各种有关目标参展商的信息后，就可以着手建立目标参展商数据库了。

---

**【相关链接】**

#### 参展商易犯的小错误

以下是参展商在会展上易犯的一些错误，虽然都是些小错误，但却会使参展效果大打折扣，失去不少宝贵的机会。

镜头一：参展公司职员手拿着咖啡在摊位里谈笑风生。也许他们有很多其他机会聊天，但在会展里，他们的"上帝"是走道里的参观买家。

镜头二：在展位上双手抱胸地站着。这样只会传递一个信息："别过来！"

镜头三：在展位上吃东西。一是这样不礼貌，二是在吃东西时候，来往的客人大多都不好意思走进摊位打扰，本来想走进摊位的也只会改道。

镜头四：每天会展临近结束时，急着收拾东西。这样同样会失去很多机会。

---

## 三、建立目标参展商数据库的原则

### （一）要有一定的数据量

这是对目标参展商数据库的最基本要求。每一个目标参展商的信息称为一个数据，数据应尽可能多，招展才会有充足的目标客户来源。

### （二）数据真实可靠完整

在收集目标参展商信息时，由于来源渠道较多，有些数据或不真实或重复或不完整。因此在建立数据库之前，应首先去伪存真，删除重复信息，补充完善信息，以利于招展工作的顺利开展。

### （三）分类科学合理

只有分类科学合理的信息，才便于日后的查找，从而对整个招展工作起到应有的支持作用。

### （四）便于查找和检索

要使数据库可以按地区、产品类别、厂商名称、所属行业等企业信息进行多方检索与查找。

### （五）可以及时修改

数据库信息可能会随时间的推移，企业的变化发生变化，要及时删减增补、修订、调整。保证数据的修改能够方便进行，且要设定一定的权限，保证数据的安全性。

## 第二节　招展函的编写

招展函是办展机构用来说明会展，以招揽目标参展商参展的小册子。招展函的主要作用是向目标参展商说明会展的有关情况，并引起它们参加展会的兴趣。招展函是会展进行展位营销时主要的核心资料之一，也是目标参展商最初了解会展情况的主要信息来源。

### 一、明确编制招展函的原则

会展招展函的内容较多，也较繁杂，在编制招展函时一定要对其内容、图片和版面做仔细的规划和安排，使招展函在会展招展的过程中发挥其应有的作用。在编制招展函时要遵循以下原则：

### （一）简单实用

招展函的内容要全面准确，但不要拖沓和烦琐，要简洁，最好寥寥几个字让人一目了然。招展函的内容要实用，与会展招展无关的内容尽量不要列到招展函上。

### （二）内容全面准确

招展函很多时候是参展商了解会展的第一手资料，也是他们最后做出是否参展决策的重要参考资料，在会展与其目标参展商进行沟通和联系时起着重要的作用。因此，招展函所包括的内容一定要全面、准确，不能有所遗漏，不能出现差错。

### （三） 便于邮寄和携带

由于招展函一般要通过邮寄或者招展工作人员的携带而传到目标参展商手中，因此，招展函的制作样式要便于邮寄和携带。

### （四） 美观大方

招展函的版式安排、文字图片等的布局要美观大方，让人赏心悦目。但招展函文字的字体要适合人们的阅读习惯，不要因为追求美观而去追求美观。

## 二、掌握招展函的内容

很多时候，招展函都是目标参展商用来了解会展的第一份正式文件，目标参展商对会展的第一印象就是来自会展招展函。为了能使目标参展商对会展有足够的了解并对会展做出基本的判断，招展函介绍会展的内容必须准确而全面。

### （一） 会展的基本内容

会展的基本内容主要包括：会展的举办时间和地点、会展的名称和标识、办展机构名单、办展起因和办展目标、会展特色、展品范围和价格等。

#### 1. 会展的举办时间和地点

会展的举办时间和地点一般放在会展招展函的封面。其中，举办时间也会放在招展函的内页，只不过封面的举办时间通常是会展的正式展览时间，内页的举办时间往往还包括会展的布展、撤展，以及对专业观众和普通观众的开放时间等。

#### 2. 会展的名称和标识

会展的名称和标识一般放在会展招展函封面最醒目的位置，会展的名称一般用较大的字体。如果会展是国际性的，会展的名称还包括其英文名称。

#### 3. 办展机构

包括会展的主办单位、承办单位、协办单位和支持单位等，有时候还包括会展的批准机构。它们一般放在会展招展函的封面。

#### 4. 办展起因和办展目标

简要说明为什么要举办该会展以及计划将举办一个什么样的会展，如会展计划有多大规模，预计有多少观众等。如果是已经连续举办多次的会展，对往届会展的回顾也是一项必不可少的内容。

#### 5. 会展特色

常常是用非常简洁的言语来高度概括会展的特色，如会展的宣传口号、会展的主题等，要易记易懂、易于传播。

#### 6. 展品范围

详细地列明会展的展品范围，有时候还包括会展的展区划分，供参展商作参展决策时参考。

### 7. 价格

包括空地价格、标准展位价格、室外场地价格等。对于标准展位，一般还要对其基本配置做出详细说明。

## （二）市场状况介绍

市场状况介绍主要包括行业状况和地区的市场状况等。

### 1. 行业状况

对展会展览题材所在行业的状况作简要介绍，如行业生产、销售、进出口及发展趋势等。

### 2. 地区的市场状况

简要介绍办展所在地区的市场状况，如果会展是国际展，那么介绍的地区范围就不仅仅是会展所在的城市和省份，它可能还包括整个国家及其周边国家，如德国的会展介绍常常包括整个欧洲大陆。上述介绍的地区范围究竟该包括哪些地区，主要取决于会展的定位和市场辐射范围的大小。

## （三）会展招商和宣传推广计划

### 1. 会展招商计划

简要介绍会展邀请专业观众的办法、范围和渠道。如果是已经连续多次举办的会展，对往届会展到会观众的回顾分析将是十分有用的资料。

### 2. 宣传推广计划

简要介绍会展宣传推广的手段、办法、范围和渠道，以及会展计划如何扩大其影响的措施等。会展宣传推广计划是参展商较关注的项目，需要详细列明。

### 3. 相关活动

简要介绍会展期间将要举办哪些相关活动、各种活动的举办时间和地点，以及参展商参加活动的联系办法等。会展相关活动的作用是双重的，它既有对会展的宣传和辅助作用，也有对参展商的宣传和展示作用，有些参展商因此也乐于参加。

### 4. 服务项目

搞好服务是会展提高竞争力和吸引力的重要手段之一。招展函要告诉目标参展商，如果参展，它们将从会展获得怎样的服务，这些服务包括会展提供的各种有偿服务和免费服务。

## （四）参展办法

### 1. 如何办理参展手续

告诉目标参展商，如果它们计划参展，它们将怎样办理参展手续。

### 2. 付款方式

列明会展的开户银行、开户名称和账号、收款单位名称、参展商参展的付款办法、应付定金的数量和付款时间等。

**3. 参展申请表**

预留参展商参展申请表，一旦目标参展商计划参展，就可以填写该表并传真回办展机构预订展位。参展申请表样例见表4-1。

表4-1　第×届中国国际食品和饮料展览会参展申请

| 展会名称 | | 第×届中国国际食品和饮料展览会 | | |
|---|---|---|---|---|
| 单位名称 | 中文 | | | |
| | 英文 | | | |
| 通信地址 | 中文 | | | |
| | 英文 | | | |
| 联系人 | | 电话 | 传　真 | |
| 邮政编码 | | 手　机 | | |
| 电子邮件 | | | 网　址 | |
| 申请摊位 | 综合区：9m² 标准摊位_____个（3m×3m）；12m² 展位_____个（3m×4m）；<br>是否要角摊位：是 □<br>冷冻专区：9m² 标准摊位_____个（3m×3m）；12m² 展位_____个（3m×4m）；<br>是否要角摊位：是 □ | | | |
| 参展展品 | 中文 | | | |
| | 英文 | | | |
| 业务性质 | □生产企业 | 申请特殊用电<br>（另行收费） | □申请24小时用电 | |
| | □外贸企业 | | □申请额外用电 | |
| | □其他（请注明） | | | |
| 公司简介：（中文50字含标点、英文200字符含标点） | | | | |
| 负责人签字：<br><br>　　　　　　年　　月　　日 | | 单位公章： | | |
| 知识产权保护：各参展企业要高度重视知识产权保护工作，严格遵守参展地的知识产权保护法规；对展出商品严格把关，防止发生侵权违法行为。省厅严禁涉嫌侵犯知识产权的展品或参展企业参展。 | | | | |

### 4. 联系办法

列明办展机构的联系地址、电话、传真、网址和 E-mail 等，供目标参展商参展联系之用。

### 5. 各种图案

除以上内容外，招展函还会有一些图片和其他图案，如展馆图、展馆周边地区交通图、往届会展现场的图片等。如果有需要，有些招展函还会对展馆做一些简要介绍。这些图片既可以对会展相关情况做进一步的说明，也可以起到美化招展函的作用。

---

## 【相关链接】

## 根除骗展的三条原则

中国会展业可总结的东西很多，其中近年来屡屡揭露出来的骗展现象也许是冰山一角。尽管这些骗展事情相对于其他行业来说，其影响范围并不很大，但它毕竟让中国会展业的形象严重受损，尤其对会展信誉的伤害远大于经济利益。实际上，会展作为一种公开的社会活动，根据其特点，要根除这种现象并不困难。那么怎样避免被骗展呢？

一是要掌握"品牌原则"。不论是传承下来的还是借鉴过来的会展项目，各部门应对本行业或领域内规模大、效益高、组织管理严格的会展达成共识，进行重点推广，让广大参展商和专业观众了解和认识，并形成品牌效应。品牌因其广泛的认知度具有"顶端优势"，其本身就会对杂牌、冒牌会展的产生起到抑制作用，当参展商对于非有影响力的品牌会展拒绝参加的时候，骗展者自然无容身之地。

二是要把握"制度原则"。行业管理制度的缺失是骗展现象产生的重要原因。由于各行业特点和管理体系的不同，行业和地区间对会展缺乏统一的行业管理，所暴露出的管理漏洞和严重的信息不对称给了骗展者可乘之机，特别是"多头管理"的背后隐藏着的是"多头不管"，因此企业在参展过程中应尽可能多地了解和掌握相关制度、规范。同时，也应呼吁各行业主管部门本着合作发展的原则，尽快协商出台会展行业统一的管理规范，不要等到问题暴露的时候再想对策。

三是要具备"防范原则"。回顾年内发生的很多骗展事件，我们发现，参展商对于会展选择的盲目和不成熟也同样是造成骗展者能够得逞的重要原因。很多参展企业还没有对会展的价值、作用、方法引起足够的重视，企业里更缺少相关的专业人才和配套部门，所以我们也应提醒广大企业，参展不仅仅是会展组织者的事情，确切地说，不仅仅是一种服务与被服务的关系，而是会展组织者和参展商双方甚至是多方（包括你的行业竞争对手）合作共赢的关系。毕竟大家的目的是一致的，即把产品卖出去。从这方面说，对于会展的重视和认识水平、操作方法的提高是对骗展进行鉴别的最好的办法。

# 第三节　招展方案策划

招展方案是在招展策划的基础上，为展位营销而制定的具体执行方案。招展方案是对会展招展工作的整体规划和总体部署，它是会展策划诸多方案中的核心方案之一，对会展的招展工作有着重要的影响。编制会展的招展方案，要在全面掌握市场信息的基础上，结合会展的定位，参考展览题材所在行业的特点，对各项招展工作进行统筹规划和科学安排。

## 一、招展方案的基本内容

招展方案是对会展招展工作的总体规划和全面部署，其内容涉及会展招展工作的方方面面，十分繁杂。总的来看，招展方案包含的内容主要有以下几个方面：

### （一）招展价格

为会展确定一个合适的招展价格是招展策划的一个重要任务。招展价格对参展商的参展决策有重要影响，如果价格过高，参展商可能不能承受而放弃参加展览，会展的招展工作就会出现困难；如果价格过低，会展的收入来源又会减少，会展就可能出现亏损。因此，确定一个合理的招展价格，对会展的展位营销和会展的经济效益都有重大影响，它也是会展整体策划的重要内容之一。

#### 1. 招展价格的制定

招展价格是会展众多价格中最重要的一种价格。招展价格就是展位的出售价格，按展位不同，可以分为标准展位的价格和空地的价格；按场地不同，可以分为室内展位价格和室外展位价格等。

制定合理的招展价格是一项十分复杂的工作，要制定合理和可行的会展价格，就必须在充分考虑顾客、成本和竞争的基础上，参照办展机构的具体价格目标，采用合理的定价策略来制定。除此之外，制定招展价格时还需要考虑两个因素：一是展区和具体展位的位置差别，二是国外参展商与国内参展商的展位价格。对于第一种情况，办展机构一般是执行"优地优价"原则，即那些比较好的位置的价格要比其他地方的价格高；对于第二种情况，我国目前普遍实行价格"双轨制"，即对国外参展商与国内参展商制定不同的展位价格，国外参展商的展位价格一般要比国内参展商的展位价格高。当然，国外参展商的展位位置一般也要优于同档次的国内参展商的展位位置。

#### 2. 招展价格折扣

如果当初制定的招展价格在后来的展位营销中能严格执行，招展时不给任何参展商价格折扣，那当然是非常好的一种情形。但在很多时候，在招展的具体执行过程中，展位的营销价格并不是严格按照上述招展价格来执行的，而是在招展价格的基础上给予客户一定的价格折扣，然后按照折扣后的价格出售展位。

招展价格折扣是办展机构给予参展商或者招展代理的一种价格优惠，其主要目的是吸引更多的企业到会参加展览。不管处于什么阶段的会展，是否给予参展商一定的价格优惠，是与会展本身的发展潜力和办展机构的价格策略有一定关联的。如果会展发展潜力很大，即使会展刚刚创立，企业参展仍会十分踊跃，甚至展位供不应求，这时可以严格执行招展价格而不给参展商价格折扣。但如果办展机构一开始执行的就是稳定的价格策略，那么也可以不给任何参展商价格折扣。

### （二）产业分布特点

从宏观上介绍和指出展览题材所在行业在全国的分布特点，指出各地区的产业发展状况，介绍该产业的企业结构状况及分布情况，这些内容是制定招展方案的重要依据。

### （三）招展函的编制与发送

介绍招展函的内容、编制办法和发送范围与方法。在编制招展函的计划时，要考虑到招展函的印制数量、发送范围和如何发送等问题。（详见上节内容）

### （四）招展分工

即对会展招展工作的分工做出安排，包括招展单位分工安排、本单位内招展人员及分工安排、招展地区分工安排等。

### （五）招展宣传推广

对配合会展招展所做的各种招展宣传推广活动做出规划和安排。

### （六）展位营销办法

提出适合本展会展位营销的各种渠道、具体办法及实施措施，对招展人员的具体招展工作进行指导。

### （七）招展预算

对各项招展工作的费用支出作出初步预算，以便会展能及时、合理地安排各种所需要的费用支出。

### （八）招展代理

对会展招展代理的选择、指定和管理等做出安排，对代理佣金水平及代理招展的地区范围与权限等做出规定。

### （九）招展进度安排

对会展的各项招展工作进度做出总体规划和安排，以便控制会展招展工作的进程，确保会展招展成功。

## 二、对招展工作的详细介绍

### （一）招展分工

会展的招展单位一般不止一个。各单位招展工作混乱和招展地区出现交叉是会展招展工作中的大忌。会展招展分工涉及两方面的内容：各招展单位之间的分工安排和本单位内招展人员及其分工的安排。

#### 1. 各招展单位之间的分工

当会展是由几个单位共同来负责招展时，我们必须明确各招展单位之间的分工，如各招展单位必须共同遵守的招展原则、各招展单位的计划招展面积、各单位负责的招展地区和重点目标参展商、展位费的收取办法、如何具体安排各参展商的具体展位等。对各招展单位的招展工作进行分工，是保证会展顺利招展的重要手段之一。

对各招展单位之间的招展分工必须合理、协调和具有可操作性，并兼顾各方面的利益。如果分工不合理，有些单位就会缺乏招展的积极性，或者有些招展任务根本就是某些招展单位力所不能及的，这将严重影响会展的整体招展效果；如果分工缺乏协调性，就可能使各招展单位之间缺乏沟通，彼此信息不流畅，会出现几个招展单位同时争抢同一家目标参展商的混乱局面；如果分工缺乏可操作性，招展分工就会失去约束力，成为纸上谈兵；如果分工没有兼顾各方面的利益，就可能会出现各招展单位竞相压价招揽企业参展的不利局面。总之，对各招展单位的招展分工一定要结合各单位的招展实力，充分发挥各单位的优势，做到优势互补，各方共赢，共同圆满完成会展的招展任务。

#### 2. 本单位内招展人员及其分工

不管会展的招展工作是由几个单位共同负责，还是只由本单位一家负责，招展单位都要对本单位的招展人员及其分工做出安排。首先，确定招展的人员名单；其次，明确各招展人员负责招展的地区范围和重点目标客户名单；再次，制定各招展人员的信息沟通和工作协调办法；最后，制定统一安排展位的措施。

与不同单位之间的招展分工一样，单位内招展人员之间的分工也要注意发挥各自的特长，统筹协调。要避免在招展过程中出现招展任务不明确、跟进措施不力、彼此之间信息不通畅等现象。

### （二）招展宣传推广

招展宣传推广是为促进会展更好地招展而有目的、有针对性地举行的一些宣传推广活动，这些宣传推广活动是围绕会展招展的基本策略和目标而制定的，有很强的协调配合性。在招展方案里，会展企业要提出招展宣传推广的策略、渠道、时间、地域安排以及宣传推广费用预算等。

招展宣传推广的策略包括宣传推广的出发点、主题、亮点，以及如何突出会展的个性化特色，如何从客户的角度出发，处处体现客户利益等。

招展宣传推广的渠道可以根据招展实际工作的需要，选择下列方式：召开新闻发布会，在专业和大众报刊上做广告，向有关人员直接邮寄会展资料，在国内外同类会展上宣传推广，在网上宣传推广，通过有关协会和商会宣传推广，利用外国驻华机构和我国驻外机构做宣传等多种渠道进行。

招展宣传推广在时间和地域的分布和安排上要注意与招展实际工作紧密配合，并且要走在招展实际工作的前面，为招展工作造声势、造知名度。宣传推广在时间上要连贯，要有统一的理念和策略作指导；在地域上要因地制宜，但又不彼此冲突。

### （三）招展预算

招展预算是为招展各项工作的顺利进行而做的费用支出预算。它是在各招展工作筹划基本已定的基础上，对会展招展可能需要的费用支出做出的整体安排和具体支出计划。招展预算的编制应从招展工作的实际需要出发，本着统筹安排、合理利用的原则，实事求是地编制。

会展的直接招展费用主要包括：招展人员费用，如招展工作人员的工资、差旅费、办公费等；招展宣传推广费用；代理费用；招展资料的编印和邮寄费用；招展公关费用；其他不可预见的费用。

招展预算要编制得细致，费用支出要安排得合理，能满足招展工作顺利开展的需要。招展预算还要本着节约的原则，只有确实需要支出的费用才可列入预算支出，这样可以严格控制会展的招展成本，防止招展费用失控。另外，招展预算的费用支出要注意在时间安排上与招展工作的实际需要相配合，不能出现工作开始时费用充足而最后费用不足，或者在开始不愿支出而最后拼命追加费用支出等不良现象。

### （四）招展代理

指定会展招展代理是办展机构借用外部力量来做大做活招展业务的一种有效手段。它可以增加招展单位的业务网络，扩大业务规模，提高经济效益。指定会展招展代理，要尽可能地保证代理商的资质可靠，因为只有可靠的代理商才能切实地履行其职责。

#### 1. 招展代理的种类及其来源

根据展览项目的需要，会展的招展代理通常有一般代理、独家代理、排他代理和承包代理四种形式。公司、相关协会和商会、有关媒体、个人、国外驻华商务处或贸易代表处和公司等都可能成为招展代理。为保证代理的资质可靠，我们在指定某一机构为代理前必须对其进行资质考查，只有符合条件的才能被正式确定为代理。

#### 2. 代理商的权利与责任

聘用招展代理，要明确他们的权利与责任，只有权利与责任明确了，代理的工作才能更好地展开。

代理商的权利：按合同规定收取佣金；从办展机构获取招展必需的完整资料；按合同享受办展机构对会展及代理商的宣传推广支持；在规定的时间内预订的展位能得到

保证。

代理商的责任：按合同规定的代理形式和条件切实履行职责，依法经营；有责任对所代理的展览项目进行宣传推广；定期向办展机构有关负责人汇报情况；对办展机构划定的展位不得有异议；维护办展机构和会展的声誉和形象；按办展机构规定的价格（或价格范围）招展，按时收取和缴纳参展款（含定金）；不得对办展机构制定的参展条件私自改动；必须协助办展机构做好参展商的服务工作。

**3. 代理佣金**

支付给代理商的佣金要根据代理的形式、代理期限的长短、代理商的业绩水平等来综合确定。办展机构给予代理商的佣金和准许代理商给予参展商的折扣要分开。给予参展商的折扣由办展机构决定，以免引起招展价格的混乱。

独家代理、排他代理和一般代理的代理佣金，通常按办展机构实收到的、由该代理商招来的参展商所交的参展费总额的15% ~ 20%的比例提取；承包代理的佣金一般要高一些，如25%或更高，承包代理一般只有在完成承包展位数量后才可提取佣金。为激发代理商的招展积极性，给代理商的佣金可以采取累进折扣制。

代理佣金支付的时间和方法，可根据具体情况分别采取以下办法：第一，定期结算、定期支付：按季度或月度结付。提取佣金的基数以实际进入办展机构账户的展位费为准。第二，逐笔结算、汇总支付：代理商每促成一笔交易，办展机构收到由该代理商招来的参展商的参展费后即与之结算，但到规定的时间才支付。第三，逐笔结算、逐笔支付：代理商每促成一笔交易，办展机构收到由该代理商招来的参展商的参展费后即与之结算并支付本笔交易的佣金。另外，无论采取何种结算支付形式，都必须规定由此引起的营业税和个人所得税的扣缴办法。

**4. 代理商的管理**

可以由会展的项目负责人负责该会展招展代理的联络和管理，要管理好各代理商，必须做好以下几点：

（1）坚持定期书面报告制度。每隔一段时间，要求代理商必须定期汇报其招展的进展情况。

（2）招展价格的控制。代理商对外招展的价格折扣应严格按照代理合同所规定的价格折扣操作。

（3）收款与展位划定。所有参展商展位的划定一般应由办展机构控制和最后确定，代理商一般无权划位，只能提划位建议。

（4）参展商的参展费。除承包代理外，代理商原则上不得代收参展商的参展费及其他一切费用。特殊情况，可允许代理商代收参展商的参展费，但代理商必须在办展机构指定的时间内，将其所代收的参展商的参展费扣除商定的佣金后的余额全部交到办展机构。

（5）累进制折扣的控制。累进折扣的最高佣金比例，应要求相应招展展位达到一定的数量。对于不同的代理商，具体佣金累进折扣可在"分档固定折扣"和"分档浮动折扣"两者中选择其一。代理商的各种办公费用一般由代理商自行承担。

### 5. 代理风险的防范

在招展工作中使用招展代理有许多好处，但如果管理不善，也会带来很多风险。

（1）多头对外的风险。如果多个代理商在同一地区招展，则可能会引起多头对外招展，如同一个项目招展条件不一致、招展价格有差异、对外口径不统一等。

（2）代理商欺骗客户的风险。要尽量防止某些不法代理商以种种手段欺骗客户来获取私利。

（3）损坏办展机构声誉和形象的风险。出于种种原因，代理商可能有时会有意或无意地做一些损坏办展机构声誉和形象的事。

（4）收款和展位划位混乱的风险。代理商自己划出展位与办展机构统一的展位安排计划不一致，个别代理商代收参展费时多收款、乱收款等。

（5）展位临期空缺的风险。代理商可能会招不满其当初约定的展位数量，这会导致会展开幕而展位空缺。

对于以上风险，我们要注意采取有针对性的措施，加强防范。万一风险真的发生，我们要及时采取有效的措施加以补救。

## （五）招展进度安排

所谓招展进度安排，就是在招展工作开始实施之前，就对招展工作及其要达到的效果进行统筹规划，事先安排好什么时候该开展什么样的招展活动、采取什么样的招展措施、到什么阶段招展工作要达到什么样的效果、完成什么样的任务等。有了招展进度安排，就可以对会展招展工作进行总体控制和监督，及时对照检查，发现问题，调整策略，使招展工作能更顺利地完成，从而保证会展成功举办。

招展进度安排一般用表格的形式来表现。如表4－2所示就是一个简洁式的招展进度计划表。

表4－2　招展进度计划

| 时间 | 招展措施 | 宣传推广支持 | 计划完成的招展任务 |
|---|---|---|---|
|  |  |  |  |
|  |  |  |  |
|  |  |  |  |
|  |  |  |  |

有了这样一张招展进度计划表，就可以有条不紊地按计划开展招展活动，并对招展效果及时做出检查，如果发现没有达到招展阶段性目标，则应及时采取补救措施，促进

招展任务的顺利完成。

例如，在实际操作中，刚创立的新会展典型的招展进度计划一般是：在会展开幕前12个月，招展工作就要开始，有针对性的招展宣传推广活动就要铺开；在会展开幕前9个月，招展宣传推广活动大规模实施，招展宣传推广活动转为对招展活动的直接支持性宣传；在会展开幕前6个月，重点客户拜访工作基本结束，招展宣传推广活动范围缩小，目标更明确，会展招展任务完成大半；在会展开幕前3个月，会展招展任务基本完成，招展工作转为落实和巩固前期招展成果，实施各种客户跟踪服务，为会展顺利开幕做准备。

招展进度计划一旦制定，就要按该计划一步步展开招展工作，努力按计划完成每阶段的招展任务。当然，如果具体情况发生了变化，招展进度计划也可以进行局部调整以适应新情况的需要。但一般来说，除非该计划本身制定得不合理，招展进度计划一般不要做过多的大幅度调整，否则招展工作进度将会受到很大影响。

## 【复习思考题】

1. 简述收集目标参展商信息的方法。
2. 简述招展函的主要内容。
3. 简述招展价格如何制定。
4. 简述招展宣传推广的作用。
5. 试述建立目标参展商数据库的作用。
6. 试述编制招展函的原则。

## 【案例分析】

### 合肥"商之都"开业庆典策划

以创新的策划，树立国有商业新企业的良好形象，力争持续性的社会效益与经济效益；致力优质服务，倡导奉献精神，再掀全国"劳模热"。

以创新的思维，策划别开生面的开业庆典。注重策划方案的创意，不单纯追求表现形式上的热闹，而是力求见到持续性的实效；通过"商之都"开业庆典的新闻效应，推动全国的精神文明建设。

1. 制订策划方案

（1）邀请全国商业劳模赴"商之都"参加开业庆典活动，组织中央新闻单位记者团随同采访，以宣传劳模奉献精神为主线，推动优质服务。

（2）通过全国劳模赴"商之都"柜台示范、现场传经、拜师收徒等多项活动的开展，以名师的言传身教进行传帮带，解决"商之都"开业时新职工经验不足之难题。

（3）树立"商之都"真诚待客，一流服务的形象，为推动"商之都"的优质服务开个好头。

（4）以北京劳模团赴合肥传经送宝的新闻效应，吸引广大顾客，为企业带来"两个文明"的显著效益。

通过一石多鸟、立体交叉的公关策划，立意于社会的呼唤，赢得社会的共鸣，达到强烈的反响，实现宏观和微观目标统一的效果。

2. 策划实施过程

这项立意高、富有新意的策划方案，争得了有关方面的大力支持。

（1）他们挑选了全国劳动模范、全国商业劳模、北京市劳模、北京市十佳营业员共9位成员，组成首都劳模团的强劲阵容。他们各怀绝技，堪当此任。

（2）首都劳模团乘坐"东方"5106班机赴皖。飞行中，空姐们向劳模们献花，记者们赶忙摄下这个值得留念的镜头。

飞机降落合肥机场，机场上鼓乐齐鸣。安徽省相关领导按事先相邀，专程来机场迎接，对此项活动十分支持。

（3）劳模团到"商之都"，顾不上吃饭就直奔会场，早已等待着求师的职工，迫不及待地上前拜师。这是北京的劳模首次在外地收徒，此举架起了京皖商业交流之桥。当天傍晚，劳模们各就各位，熟悉商品和柜台陈列，做好开业上岗准备。第二天清晨，劳模们穿上各自的店服，胸佩奖章，身披绶带，他们与安徽省相关领导一起在开业庆典上剪彩。别开生面的庆典后，早已等候在商场门前的人群，立即随着劳模拥向柜台，争相一睹劳模的风采。

3. 危机分析

企业开业庆典，省市主要领导全部到场，主管部门领导临时安排省领导剪彩，完全合情合理，自认为无须与策划人协商。但是，这种更改就会使精心策划的方案前功尽弃。因为，省市领导为企业剪彩，在当地是新闻，对中央媒体来说，一般都算不上新闻，后期的新闻效应就无法实现。只有在现场立即采取补救措施，方可达到策划方案的预期目标。

主办方当时考虑，按原策划实施已不可能，唯有劳模与领导共同剪彩方有可能，经几番周折，唯有直接找省委书记拍板，才能按策划方案进行。

4. 策划效果

首都劳模来"商之都"柜台示范，消息不胫而走，人群似潮，顾客对劳模服务赞不绝口。"商之都"的柜台里，显出京城劳模的风采，他们个个都是销售能手，卖什么都抢手。消费者感到：在劳模手上买东西，是一种享受。连续几天，"商之都"从一楼到四楼，顾客挨个柜台找劳模，体会优质服务，找回了当"上帝"的感觉。他们说：从劳模的服务中，感受到奉献精神又回到了我们身边。还有的说："商之都"开业庆典，不请明星演唱，请来京城劳模服务示范，说明这家国有大商场重视精神文明和优质服务，一切为消费者着想。

开业之初，短短的几天，"商之都"热闹非凡，营业额大大超过预期目标。"商之都"党委书记告诉记者，他站在门口统计，有80%顾客拎着商品袋走出商厦。"商之都"总经理高兴地说：这项公关策划，不仅为商厦开业节约了大量广告宣传费，而且取得的社会效益无法估量，经济效益也十分可观。

**分析题：**合肥"商之都"开业庆典策划的成功之处在于哪些方面？给我们带来什么启示？

# 第 五 章

## 会展招商策划

本章主要围绕会展活动中的招商策划的步骤和方法，以及招商策划中需要重点注意的方面展开学习。会展招商方案是为展会邀请观众而制订的具体执行方案。它是在充分了解展会展品的需求市场的基础上，合理地安排招商人员在适当的时间通过合适的渠道而进行的展会招商活动，是对展会招商活动进行的总体安排和把握，目的是保证展会开幕时能有足够的观众到会参观。会展招商方案邀请的重点观众是那些符合展会需要的专业观众，不过，如果展会因为需要一定数量的普通观众到会参观而也对普通观众开放，这样展会招商的对象就还要包括普通观众。

### 【学习目标】

1. 理解会展招商的方式和意义。
2. 掌握会展招商宣传推广的方法。
3. 学会制订招商策划方案。

### 【导入案例】

#### 会展招商策划的几个注意事项

第一，确定具有吸引力的主题。要组织大规模的招商，需要固定的主题，逐渐形成品牌。

第二，邀请有吸引力的企业参加。要注重知名度和现实性的结合，世界500强之内的企业一定要有，知名的、公众的政府组织或协会组织也要有，增强会展的宣传效应。

第三，会展形式多样。会展应包括展示、推介、座谈等各种形式，加强与会双方接触和成交的概率。

第四，会展可持续。一炮打响，而后虎头蛇尾，是众多看似成功的会议的通病。形成会展的品牌，需要持续不断进行运作，需要过硬而有严格的会展流程，需要高素质的运作队伍，需要稳定的专家团队，需要长期的信用。

**请思考：** 会展招商策划具有什么样的重要性？

# 第一节　会展招商概述

## 一、会展招商的概念

在展览行业里，会展招商是与会展招展相对应的一个专有名词，它主要是指办展机构通过各种方法和渠道邀请观众到展会参观。和参展商一样，观众也是展会成功举办不可或缺的重要因素。拥有一定数量和质量的观众，是许多展会所竭力追求的方向，也是一个展会成功的重要标志之一。不难想象，一个展会如果没有观众或者是观众很少将是怎样的一个局面。为了使展会办得成功，办展机构都会千方百计地邀请尽量多的目标观众到会参观。

观众对展会很重要，但这并不是说所有的观众对展会来说都很重要。会展招商所要邀请的观众是一些特殊的观众，这些观众就是所谓的专业观众。

所谓专业观众，是指从事展会上所展示的某类展品或服务的设计、开发、生产、销售或者服务的专业人士以及该产品的用户。与专业观众相对应的是普通观众，也就是除专业观众以外的其他观众。一般来说，如果不是展会的有意控制，一个展会往往是既有专业观众到会参观，也有普通观众到会参观。

除了专业观众和普通观众的划分以外，观众还可以分为有效观众和无效观众。所谓有效观众，是指到会参观的专业观众以及展会参展商所期望的其他观众，这是具有一定质量的观众，对展会来说不可或缺。所谓无效观众，是指展会参展商所不期望的那些观众，他们对展会来说是可有可无的。

会展招商要邀请尽量多的有效观众到会参观，要尽量给各参展商带来其所期望的观众，会展招商和会展招展是互相影响、互相作用的。一方面，如果会展招商效果好，到会观众数量多，质量上乘，参展商的展出效果就有保证，企业就更乐意来参展；反之，如果会展招商不理想，到会观众较少，或者无效观众很多，参展商的展出效果就难有保证，企业参展的积极性就会降低。另一方面，如果展会的招展效果较好，参展企业尤其是行业知名企业较多，展品新，信息集中，观众到会参观就会更加踊跃。

---

**【相关链接】**

### 参展商

　　会展行业术语，是指在展览期间利用固定的展出面积进行直接信息交流的特定群体，是展览会的主体之一，专业观众是展览会成功的生命线。从决策过程来看，参展商分为理智型、大众型、尝试型 3 种。专业观众分为尝试探测型、品质追求型、谨慎稳妥型和大众平衡型 4 种。

---

## 二、会展招商的意义

　　可见，展会招商做好了对展会招展很有帮助，同样，展会招展做好了就更有利于展会招商，那些只注重展会招展而不注重展会招商的做法是极其错误的。实际上，在重视展会招展的同时也重视展会招商，邀请到尽量多的有效观众到会参观对展会来说具有重要的意义。

　　首先，有效观众是参展商最主要的目标客户。不管参展商参加展会的主要目标是什么，他们都期待着这些观众到他们的展台参观和洽谈。如果没有这些观众或者这些观众很少。参展商的展出效果就难有保证，企业再次参展的积极性就会受到沉重的打击，展会的招展就会出现困难，展会的发展也会受到影响。

　　其次，能大幅度地提高展会的服务水平。参展商是展会的基础，没有参展商就没有展会。为了能吸引企业参展，办展机构总是想方设法为参展商提供优质的服务。其实，从参展商的角度看，邀请尽量多的高质量的有效观众到会参观，才是办展机构对参展商提供的最好的服务。这项服务是如此独特，以至于展会的其他任何服务都无法替代；这项服务又是如此重要，以至参展商对展会的其他服务都可以视而不见。但是，如果这项服务不能令参展商满意，办展机构将会无可挽回地失去这些参展商，并进而失去整个展会。

　　最后，拥有一定数量和质量的有效观众是一个展会之所以成为"品牌展"的重要标志之一。将展会办成行业知名的品牌展，是每一个办展机构不懈的追求和努力的目标。然而，某个展会即使参展商再多、参展企业的名气再大，到会的观众寥若晨星，我们很难想象它能成为品牌展。品牌展一定要有一定数量和质量的有效观众。

# 第二节　会展招商宣传推广策划

会展招商与会展宣传推广两者关系密切，它们互相影响，互相促进，共同构成会展策划和营销的另一个中心环节，在会展策划和营销的很多实际操作中，往往很难将它们彻底分开。因此，在进行会展策划时，人们常常将它们结合起来考虑，统筹规划，分步实施。

## 一、会展招商宣传推广的类型

会展招商宣传推广既是会展策划的重要内容，也是会展营销的中心环节之一，它对招揽企业参展、吸引观众到会参观以及提升展会的知名度和美誉度都有很大的作用。

在会展筹备的不同阶段，会展招商宣传推广的目的和重点是不同的。按照不同的目的，会展招商的宣传推广可以分为以下五种类型：

### （一）显露型宣传推广

以迅速提高展会的知名度为主要目的，宣传推广的重点是展会的名称，办展时间和办展地点等简单明了、便于记忆的展会信息，让人知道有这么一个展会，至于展会的详细内容则不做过多的介绍。这种宣传推广多在展会创立的初期实施，或者是在展会已经有了一定的名气后作对客户进行定期"提醒"之用。

### （二）认知型宣传推广

主要目的是使受众全面深入地了解展会，增加受众对展会的认知度，宣传推广的重点是展会的特点、优势等较详细的内容。这种宣传推广多在行业对相关展会已经有了一些初步了解之后，展会作进一步的招展和招商时实施。

### （三）竞争型宣传推广

主要目的是与竞争对手展开竞争或进行防御，宣传推广采取与竞争对手针锋相对的措施，是一种针对性很强的宣传推广活动。这种宣传推广多在展会受到竞争对手的威胁，或者展会意欲与其他展会展开竞争时使用。

### （四）促销型宣传推广

主要目的是在短期内推动展会展位的销售或者招揽更多的观众到会参观，宣传推广的重点是参展商或者观众所关心的主要问题。这种宣传推广多在展会招展和招商时使用。

### （五）形象型宣传推广

主要目的是扩大展会的社会影响，建立展会的良好形象，不单纯追求短期销售量的增长；宣传推广的重点是追求目标受众对展会定位及形象的认同，积极与他们进行信息和情感的沟通，增加他们对展会的忠诚度和信任。这种宣传推广几乎可以在展会筹备的任何阶段实施。

---

**【相关链接】**

### 中国会展网

中国会展网是国内目前唯一一家经过国家认证以 gov 为域名的会展门户官方网站，是获取展会资讯的首选媒体平台，是会展业资深人士不可或缺的重要工具。它是集学术、资讯、服务、展示、互动于一体的全球网络会展商务平台——以国内尖端科技理念为展商提供线上线下参展一站式集成服务。

---

## 二、会展招商宣传推广的方式

### （一）广告

包括在专业报刊、大众媒体、网站、广播电视、户外媒介（如户外广告牌、交通工具等）、包装媒介等上面做的各种广告。不管是在哪种媒体上做广告，广告的主题设计必须明确、突出，并包含目的、好处和承诺三个基本要素；广告文稿的标题要简洁醒目，口号要富有创意，正文要真实具体；广告的图画设计要能引人注意，强化记忆，提示广告的主题和内容。

### （二）软性文章和图片

包括在专业报刊、大众媒体、网站、广播电视等媒体上刊登的各种对展会的评论、报道、特写和消息以及相关图片等。这些文章可能是展会有关人员写的，也可能是一些记者或专业人士写的，它们一般都是免费的。软性文章是一种隐形的广告，其可信度较高，也容易被受众所接受。

### （三）直接邮寄

包括办展机构向其客户直接邮寄的各种展会宣传资料，如展会宣传单张、展会说明、观众邀请函等。直接邮寄是会展招商宣传推广常用的方式之一，其针对性强，有效率高，效果明显。

### （四）新闻发布会

在展会筹备期间以及展会开幕前后就展会的有关情况举行新闻发布会对宣传展会很

有帮助。举行新闻发布会的前提是即将发布的内容一定要有新闻价值。

### （五）人员推广

包括展会有关工作人员对各机构和客户的直接拜访、电话、传真和 E-mail 联络等。人员推广能最直接地和客户进行一对一的沟通，能很好地联络客户的感情，倾听客户的声音。

### （六）展会推广

包括在国内外各种同类展会上宣传推广活动。

### （七）机构推广

包括与各行业协会和商会、国内外的办展机构、国际组织、外国驻华机构和政府主管部门合作进行的各种推广活动。

### （八）展会相关活动

展览期间举办的各种活动如会议、表演和比赛等都是会展招商宣传推广活动的重要组成部分。

## 三、会展招商宣传推广策划的步骤

会展招商宣传推广的内容较多，也比较复杂。在制订会展招商宣传推广计划时，我们必须做到全面、系统，并按会展筹备工作实施的需要来进行。一般来说，制订会展招商宣传推广计划的步骤有六个。

### （一）确定目标

就是要确定会展招商宣传推广所希望达到的目标。制订会展招商宣传推广计划首先要确定任务是什么，这样才能有目的地去实施各种宣传推广工作；否则，会展招商宣传推广工作就会变得无的放矢。

### （二）确定投入

就是要确定为了达到上述目标所需要的资金投入。在实际操作中，会展招商宣传推广预算可以先按宣传渠道的不同来分别制订，如专业媒体宣传投入预算、大众媒体宣传投入预算等，然后再将各渠道的预算汇总。

### （三）确定信息

就是要确定会展招商宣传推广需要向外界传递怎样的信息，如会展的办展理念、会展的优势和特点、会展的形象等。这些信息都必须真实可靠，且具有较高的可信度。另外，信息要具有差别性和排他性，这样才能起到更好的宣传效果，才不会被其他信息所淹没。

### （四）确定资料

就是要确定制作什么样的宣传资料来承载上述信息。制作宣传资料时，要遵循以下几点：第一，针对性。必须有自己具体的目标客户。第二，系统性。既有自己的特色，又与其他宣传材料互相配合，互相补充，为整个会展服务。第三，专业性。制作上要符合展览行业的要求，在内容上要能反映行业的特点和会展的特色，要在具有国际化的同时兼顾各国的不同文化差异。第四，统一性。宣传资料在宣传口径上要统一，在各种数据、理念和形象上要一致，并要继承上届展会的宣传信息。

### （五）确定渠道

就是要确定会展宣传推广的渠道，或者说要确定采用哪种渠道将会展招商信息传递出去。

### （六）确定评估

就是测量会展招商宣传推广的质量与效果，评估推广目标完成的状况如何。

需要着重指出的是，展览行业竞争激烈，在制订会展招商宣传推广计划时，我们不应墨守成规、因循守旧，而应不断适应市场变化的需要，不断创新，在激烈的竞争中独树一帜，取得胜利。

## 第三节 会展招商方案的制订

会展招商方案是会展整体策划诸多方案的核心方案之一，也是为会展邀请观众而制订的具体执行方案。会展招商方案在充分了解会展展品需求市场的基础上，合理地安排招商人员在适当的时间通过合适的渠道进行会展招商活动，是对会展招商活动进行的总体安排和把握，目的是保证开幕时能有足够的观众到会。

会展招商方案是对会展招商工作的整体规划和总体部署，在编制会展招商方案时，要在全面掌握会展目标观众信息的基础上，结合会展的定位，参考会展展览题材所在行业及其相关行业的特点，对各项招商工作进行统筹规划，合理安排。

## 一、会展招商方案的基本内容

目前，国内绝大多数会展既对专业观众开放也对普通观众开放，其招商的对象自然也要包括这两类观众。为此，会展招商方案的内容要兼顾对这两类观众的招商。一般来说，常见的会展招商方案要包含以下基本内容：

### （一）招商方案的制订依据

招商方案的制订依据包括：展会展品的主要消费市场的地域分布状况和需求情况、

展览题材所在行业及其相关产业在全国的分布状况、相关产业在各地区的发展现状、各相关产业的企业结构及分布情况等。这部分内容一定要符合各相关产业的实际情况，准确无误；否则，以此为依据制订的展会招商方案就会与实际情况严重脱节，没有可操作性。例如，如果对各产业消费市场的分析有误，招商重点地区的安排就会名不符实，招商宣传的重点地区就会出现偏差，实际招商工作的效果就难以保证。

### （二）会展招商分工

根据会展的实际需要和办展机构的工作计划，对会展的招商工作作出分工安排，包括对各办展单位之间的招商分工进行安排、对本单位内部招商人员及招商工作分工进行安排、对各招商地区的分工进行安排等。

### （三）通联及观众邀请函的编印和发送计划

包括观众邀请函的内容、编印办法、发送范围与发送方法等。在做观众邀请函的编印和发送计划时，还要考虑到观众邀请函的印制数量、发送范围和如何发送等问题。

### （四）招商渠道和措施

提出会展招商计划使用的各种渠道，以及针对各招商渠道计划采取怎样的招商措施。

### （五）招商宣传推广计划

包括对配合会展招商所做的各种招商宣传推广活动作出规划和安排。

### （六）招商预算

对各项招商活动的费用支出作出初步预算，以便及时、合理地安排各种所需费用的支出。

### （七）招商进度安排

对会展的各项招商活动进度作出总体规划和安排，以便控制会展招商工作的进程，确保届时会展有足够数量和一定质量的观众到会参观。

## 二、对招商工作的详细介绍

### （一）招商分工

在实际操作中，很多展会的办展机构往往不止一家，为了保证展会开幕后能有一定数量和质量的观众到会参观，在进行会展招商策划时，首先要对会展招商进行分工。内容有两个方面：办展机构之间的招商分工和本单位内部招商人员及其分工。

#### 1. 办展机构之间的招商分工

当会展是由几个单位联合举办时，必须明确招商工作由谁来负责，如果展会的招商工作是由各办展机构共同来负责的，就必须明确各办展机构之间的招商分工。

各办展机构之间的招商分工，包括明确各单位必须共同遵守的招商原则、对各单位负责的招商地区（或行业）和重点目标观众的划分、对招商费用的预算和支付办法的规定、对重点目标观众的邀请和接待的安排等对各单位的招商工作进行分工，是保证会展到会观众数量和质量的重要手段之一。

对各单位的招商分工必须合理，并经常进行协调，会展招商工作不能平均分摊，必须有一个主要的负责单位。否则会展招商的效果就难以有较好的把握。总之，对各单位的招商分工一定要结合各单位的招商实力，充分发挥各单位的优势，做到优势互补，共同圆满做好会展的招商工作。

### 2. 本单位内部招商人员及其分工

首先，确定主要负责招商的人员名单，明确其主要任务是进行会展招商而不是招展；其次，明确各招商人员负责招商的地区范围和重点目标观众；再次，制订各招商人员的信息沟通和工作协调办法；最后，对重点目标观众制订统一的接待安排计划。

## （二）招商渠道

### 1. 专业媒体

很多行业都有自己的专业报刊，这些专业媒体对本行业比较了解，也有一定的影响，并且通常都有一批熟悉的客户，联系比较广泛，可以与它们合作进行会展招商，也可以做广告直接进行招商。通过专业媒体进行招商的主要是针对专业观众的，对于普通观众，专业媒体基本上不起作用。

### 2. 大众媒体

通过大众媒体进行招商的主要是针对普通观众的。一般来说，大众媒体针对专业观众的招商效果比不上专业媒体。因此，通过大众媒体的招商宣传及招商活动一般都是在临近展会开幕才进行，这样的效果会更好。

### 3. 有关行业协会和商会

行业协会和商会在行业里有重要的影响和强大的号召力。它们一般都拥有一定数量的会员单位，行业信息灵通，关系广泛，是办展机构理想的合作招商伙伴。

### 4. 国内外同类展会

由于展览题材相同或相似，观众的范围也基本相同，国内外举办的同类展会是理想的招商场所。我们可以在国内外同类展会的现场进行推广本展会，也可以通过在其展会会刊上做广告等多种方式来招商。另外，我们还可以与国外同类展会合作，采取合作营销的方式为彼此展会招商。

### 5. 参展企业

每一个参展企业都有自己的客户群，参展是一个企业向自己的客户展示自己形象和新产品的绝佳机会。当一个企业参展时，它一般会希望自己的客户能到展会上来看看，特别是那些知名企业，其客户群往往较为庞大，展会为它们提供了一个与自己的客户进行交流和联络的有益平台，很多企业会借此机会主动邀请自己的客户到会参观，这会带动一大批观众到会参观。

**6. 网络招商**

网络传递信息迅速便利，联系广泛，观众可以通过网站了解展会信息，进行参观预登记。办展机构可以自己建立专门网站，也可以与其他有影响的网站进行合作。

**7. 国内外著名展会主办机构**

每一个展会主办机构都有自己擅长的行业领域和自己的营销渠道，也有自己独特的招商技巧和招商手段，与这些单位合作招商，能优势互补。

**8. 国际组织**

像 UFI 等一些相关的国际组织，在世界展览界具有一定的权威性，在国际上有较强大的号召力，与它们合作往往能很好地带动国外观众到会参观。

**9. 各种招商代理**

招商代理是与办展机构紧密合作专门进行展会招商的单位，适当地发展展会的招商代理对会展招商很有好处。

**10. 外国驻华机构**

外国驻华使馆和领馆以及其他机构如贸易代表处、办事处等不仅对该外国较熟悉，联系方便，而且对所在国也很了解，它们向该国企业推荐的展会一般很能取得该国企业的信任，与它们合作能较好地带动国外观众到会参观。

**11. 政府有关部门**

尽管政府部门正在逐渐淡出社会经济事务，但政府的行业主管部门对行业的影响仍然很大，与它们合作，不仅有利于招商，还能取得很多其他便利。

**12. 策划在展览期间举办相关活动**

在展览期间策划举办一些针对性较强的相关活动也能带动会展招商工作，如在展览期间举办行业会议、专业研讨会、表演等。

根据展会的实际情况，对于上述招商渠道，可以有选择地采用其中的一个，也可以同时采用几个渠道进行会展招商。

---

**【同步案例】**

### 中国创富展

一、主办单位

山东广播电视台、山东省经济和信息化委员会、山东省创业促进会、济南市人民政府

二、承办单位

山东广播电视台《创富英雄》栏目、山东省中小企业对外合作协调中心、济南舜耕国际会展中心

---

三、特别合作

北京中媒视业广告有限公司

四、官方在线合作伙伴

齐鲁网、济南舜耕国际会展中心

五、展会宗旨

项目找到资金，资金找到项目合作伙伴，希望化作财富！

六、招展范围

1. 零售业

超市、便利店、专卖店（动漫、食品、营养品、茶叶、药品、服装、图书、音像、礼品饰品、家居用品、化妆品、眼镜）等。

2. 餐饮业

中、西式正餐/快餐、酒类及休闲饮品等。

3. 服务业

教育培训、洗衣洗染、连锁酒店、家居装修、汽车维修、房屋中介、美容保健、速递物流、图文图像、家政保洁、其他服务等。

4. 金融业

银行、证券、基金、保险、信托、期货及其他投资理财机构。

5. 专利技术类

生物技术、电子信息、环保技术、农业高新技术、高新技术成果及各类专利、技术产品。

七、展会优势

1. 权威的组织办展机构——优势独具，谁与争锋！

政府职能部门精心指导，权威卫视媒体全程推广，知名招商网络媒体倾情加盟，国内一流办展机构倾力打造。

2. 专业的展会运作模式——专业分工、效果超强！

大会组委会下设招商组、观众邀请组、宣传推广组三大职能部门，保证展会高效、专业的运作。连续10届的成功举办，铸就行业展会的典范。近30万人次的观众信息积累，确保展会的超强人气。

3. 精彩纷呈的展会活动——回报客户、创造未来！

组委会在展会期间推出众多精彩纷呈的附加活动回馈新老客户。

（1）展会优秀参展项目评选及颁奖活动；

（2）齐鲁网全程网络直播、跟踪报道；

（3）创富英雄评选及颁奖活动。

4. 众多的宣传推广方式——科学分配、强势出击！

（1）山东卫视连续3个月价值600万元的广告投入，展会后期所属卫视、有线及广播等各媒体对展会全方位跟踪报道；

（2）官方网站及新华网、大众网等300余家知名网站宣传推广；

（3）3158财富中国携腾讯网等权威网络媒体合作，强势推广；

（4）《现代营销》《报林》等80多家行业杂志系列报道、宣传；

（5）新华社、《大众日报》、《齐鲁晚报》等50余家国内主流平面媒体宣传；

（6）国内同类展会推广，邀请观众及展商参观、参展；

（7）对近30万的展会观众数据库群发短信邀请观众参观；

（8）国内权威营销传播机构北京中媒视业广告有限公司鼎力推广；

（9）各主承办方单位、相关政府部门全力推广；

（10）国内20余专业市场、重点商圈客户面对面宣传；

（11）车体广告、户外广告、道旗广告等营造社会氛围。

**请思考：**本次展会在招商宣传上有什么特点？

### （三）招商宣传推广

#### 1. 招商宣传推广的策略

包括宣传推广的出发点、主题、亮点等。在策略上要注意紧扣展会的定位和主题，突出展会的优势和个性化特色，从客户的角度出发，处处为客户的利益着想。

#### 2. 招商宣传推广的时间和地域安排

招商宣传推广在时间的安排和地域的分布上要注意与招商的实际工作紧密配合，并且要走在招商实际工作的前面，为招商工作造声势、造知名度。宣传推广在时间上要连贯，要有统一的理念和策略作指导；在地域上要因地制宜。在重点招商的时间段和重点招商的地区，要加大宣传推广力度，增强宣传推广的针对性。

### （四）招商预算

招商预算是为招商各项工作顺利进行而做的费用支出预算，它是在各项招商工作筹划基本已定的基础上，对会展招商可能需要的费用支出做出的整体安排和具体支出的计划。编制招商预算，应从招商工作的实际需要出发，本着统筹安排、合理利用的原则，实事求是地进行。会展的直接招商费用主要包括：招商人员费用，包括招商工作人员的工资、差旅费、办公费等；招商宣传推广费用；代理费用；招商资料的编印和邮寄费用；招商公关费用；不可预见的费用。

## （五）招商进度安排

招商进度安排，就是在会展招商工作开始实施之前，就对招商工作及其要达到的效果进行统筹规划，事先安排好什么时候该开展什么样的招商活动、采取什么样的招商措施、到什么阶段招商工作要达到什么样的效果、完成什么样的任务等。

会展招商工作是一项阶段性和时间性都很强的工作。一方面，当会展筹备工作进行到不同的阶段时，就要相应地采取不同的招商措施予以配合，不然，招商的效果就会不太理想；另一方面，会展招商工作要非常注意时间安排的合理性和配套性，注意"到什么时候做什么事"，如果时间安排不合理，招商工作的效果将微乎其微，难见成效。

## 【复习思考题】

1. 简述会展招商宣传推广的类型。
2. 简述会展招商宣传推广策划的主要方式。
3. 论述会展招商方案的基本内容。
4. 简述会展招商预算的内容。

## 【案例分析】

### 上海世博会招商全面启动

2006 年 3 月 14 日，中国 2010 年上海世博会市场开发启动暨"世博号"起航仪式在首都机场举行。一架机身喷绘了上海世博会会徽及上海世博会主题的"世博号"飞机在众人的欢呼声中徐徐升空飞向上海，这标志上海世博会招商工作全面启动。在"世博号"起航仪式前，上海世博会事务协调局与中国东方航空股份有限公司正式签署了中国 2010 年上海世博会（航空客运）合作伙伴协议，东航成为上海世博会首家合作伙伴。

分析题：

1. "世博号"飞机的起航对上海世博会招商推广工作有什么作用？
2. 查询资料，了解上海世博会的其他招商工作开展情况。

# 第 六 章

## 会展设计与品牌策划

本章导读

本章重点围绕会展活动中的展示设计工作展开学习。会展设计策划的时代性是由会展自身发展的特点决定的。欧洲是世界会展业的发源地，经过 160 多年的积累和发展，无论是会展场馆设施，还是大型会展的组织、策划、设计都已相当成熟。近年来，中国会展业的发展也以年均近 20% 的速度递增，尤其是信息技术、网络技术的快速发展使得新建专业场馆的配套设施日臻完善。可以说，会展是一个与时代发展紧密相连的产业，时代性是它的鲜明特征。会展设计的策划必须站在时代的高度，及时掌握全球会展业的最新动态，实现会展设备的智能化以及会展理念的前瞻性。

### 【学习目标】

1. 了解会展设计的立体策划问题。
2. 对会展设计策略有一个深入的认识与理解。
3. 了解展会品牌策划的相关理论。

### 【导入案例】

#### 北京国际设计周携手威尼斯双年展展示"穿越中国"

展览围绕北京地区特有的充满持久性和内在联系的建筑，在建筑形式与社区生活之间搭建对话平台，阐述了 Rem Koolhaas "融合现代性"的主题。

展览中平行展出了两部分，"穿越城市"和"穿越大栅栏"。这两部分相互交融呼应，展现出北京在过去的一个世纪里在现代化进程上的宏观变迁，以及大栅栏地区从元朝以来作为"外城"的微观变化。

策展人通过"穿越城市"部分让我们看到了北京"城市突变"的过程。5个7米长的巨型展示柜中展示了1:500的3D打印模型，以时间线的形式分别显示出北京历史上的几个重要时刻。从时间和空间角度分析大栅栏内部的细微转变，与紫禁城的核心变化和城市结构的巨大转变作对比，证明了大栅栏在不同历史时期的适应能力：1488年，大栅栏设立；1914年，初步建造；1958年，在天安门广场上宣布成立；1992年，第一座购物中心——恒基中心开业；2014年，今天的北京。

在"穿越大栅栏"部分，围绕着展厅中心，展示了四个历史时期——元朝、明清时期、20世纪80~90年代经济改革时期以及21世纪。大栅栏位于天安门广场的西南方，那里人口密集，保存着传统四合院和胡同，但那里的人们并不受传统观念的限制。从明代起，这里的传统技艺和表演艺术辉煌发达，使其一度成为首都的商业和文化中心。展览通过7个专题板块展示出社会文化和政治因素等是如何在大栅栏形成过程中产生影响，并塑造出特立独行的建筑和社会特点的。

图片资料和历史文献由北京的 sans practice 工作室协助提供，这些内容全都是第一次对外展示，里面包含了大栅栏从皇城的"外城"转变为国际大都市中的濒危古迹的过程。这一系列的实例研究中，包含了关于建筑类型、传统产业、娱乐场所以及茶馆等20多处现代场所。作为区域保护与复兴计划的一部分，经过北京国际设计周与大栅栏跨界中心3年的共同努力，基础设施和社区生态系统的建设工程得到了社会各界多元主体的参与和支持。

"dashilar pilots"由混合团队众建筑提出，法国设计师 Matali Crasset 为区域内现有的建筑提供了软性更新及有机发展方案，张轲的"微胡同"实验项目则利用了区域内密集交错的胡同带给了人们更多的生活空间。以上这些都是进一步经过摄影、声音艺术、影像、动画以及它们的交互式应用的处理，加上与当地居民和工匠的配合而设计并完成的。

由谢萌拍摄的相关系列纪录片《胶片上的北京城》将北京的风土人情用五部剧情片描绘出来，从20世纪80年代直到21世纪交会时期。一系列的剧情片巧妙地捕捉到了北京城的特殊元素——公共浴池、庙会、蜂窝煤等。

在展区内部有一部分来自 MAD 建筑事务所的特殊展品——"南京证大喜玛拉雅中心"项目的细节介绍。凭借建筑与环境的融合的理念，这个项目在城市内融入了一片理想化的绿色开放空间，利用室内外的相互交替将人与自然完美地连接起来。层叠的半透明纸山屹立在基地的后边，展示出传统的中国园林景象。

"依照基本原则加上现代化元素，人们看到了建筑发展过程中区域与全球化之间的巨大碰撞，正是这种辩证的碰撞，激励着世界上大多数城市前进。像大栅栏和威尼斯这样的地方，一直坚守着它们自身的特色，适应力、恢复力和创造力使它们一直发展到今天。"建筑师和联合策展人 Michele Brunello 说。

联合策展人，北京国际设计周创意总监 Beatrice Leanza 评价这次展览时说："它细致地描述了北京建筑业的发展历程，并展现了大栅栏自形成以来在创意和社会变迁方面独有的跨文化和跨领域的表现力。"

继与威尼斯政府合作之后，北京国际设计周与威尼斯 2014 国际建筑双年展的合作将是接下来的为期 3 年的北京与威尼斯文化合作与交流计划的第一步。

**请思考：** 会展设计与品牌形象策划在整个会展活动中起着至关重要的作用。怎样进行会展设计的立体策划？会展设计具体有哪些策略？如何进行展会品牌形象的策划与营造？

# 第一节　会展设计的立体策划

博览会是创造艺术的盛会，而博览会的实施——会展艺术设计则是一门艺术，一门与策划紧密相关的艺术，可以说，策划水平的高低直接影响会展的视觉传达、效果沟通以及审美价值和文化品位。

## 一、关于立体策划

会展是一种立体的展示，在会展设计过程中，要给展览"开创一个审美和诗意化的生存空间"，则要对展览会的设计进行精心的立体策划。

所谓立体策划是指一种带有全局性和长期性的策划方法。它是站在战略角度所进行的策划，它不仅考虑到策划对象的现在，还考虑到策划对象的将来。它有别于通常所说的在某一点、线或面上的单一策划。立体策划要求把策划过程看成一个"体"，从总体出发，推进到"面"，再由"面"出发，推进到"线"，最后到"点"。

会展设计的立体策划落实到具体的方案中包含总体设计方案和局部设计方案。

在总体设计方案中，首先是对展览的环境、场地空间进行规划，在平面、立体规划处理的基础上，结合展示内容和表现形式展示出场地现存的建筑结构、风格，确定采光形式、整体空间的组织施工，考虑协调空间的环境等。其次，要确立展示的基调，主要包括展出形式的色彩基调、文风基调和动势基调。在色彩基调的策划方面，要基于展出内容的特性、展出场地的环境特色、展出的时间季节、采光效果及功能区域划分等，分别选择适宜的色彩基调，提出相关的色谱，画出色彩效果图；在展出形式的动势基调方面，策划者要注意对韵律、节奏起伏的控制，要尽量给人以舒适的动势感。

会展设计的总体设计方案还包括设计实施进度的安排、制作施工材料的计划、设计实施的经费预算等，这些都必须由总体设计人员进行精细的组织策划。

会展的局部设计方案包括：布展陈列中的会标屏风、展架、展台、道具、栏杆、展品组合等，版面设计中的版式、图片、灯箱、声像、字体、色彩等，公关服务中的广告、请柬、参观券、会刊、纪念章、样本等。这些都应在总体设计思想的指导下设计完成。

## 二、会展设计立体策划的特点

会展设计的实施是一项庞大而繁复的艺术创作系统工程，展示设计师充当着导演的角色。会展设计艺术的立体策划要求策划者必须掌握立体策划的特点，高瞻远瞩，视野开阔，全面而细致地考虑到策划过程的每一个步骤、环节，使整个策划达到完美的境地。

### （一）时代性

会展设计策划的时代性是由会展自身发展的特点决定的。欧洲是世界会展业的发源地，经过160多年的积累和发展，无论是会展场馆设施，还是大型会展的组织、策划、设计都已相当成熟。近年来，中国会展业的发展也以年均近20%的速度递增，尤其是信息技术、网络技术的快速发展使得新建专业场馆的配套设施日臻完善。可以说，会展是一个与时代发展紧密相连的产业，时代性是它的鲜明特征。会展设计的策划必须站在时代的高度，及时掌握全球会展业的最新动态，实现会展设备的智能化以及会展理念的前瞻性。

会展设计要体现时代的人本观念、时空观念、生态观念、系统观念、信息观念、高科技观念等。具体地说，会展设计中的立体策划要注意：空间环境的开放性、通透性、可塑性和有机性，给人以自由、亲切的感觉，让人可感、可知；实现商品信息经典性原则，严格要求少而精；实现固有色的统合色彩效果，重视对无色彩系列的运用；尽量采用新产品、新材料、新构造、新技术和新工艺，积极运用现代广电传输技术、现代屏幕影像技术、现代人工智能技术等高科技成果；重视对软材料的自由曲线、自由曲面的运用，追求展示环境的有机化效果。

### （二）目的性

任何一项会展设计的策划都必须是为实现一定的意图和目标而服务的，这是策划的目的性。策划的目的性要求策划者应有明确的策划目标，然后围绕目标进行策划。我们来看下面的设计。

【相关链接】

在 2003 年上海国际车展中，上海通用汽车在发布别克中级车时，其发布的形式具有极大的创新意味，发布者设计了一出颇具特色的多媒体舞台剧，著名古希腊戏剧导演、中央戏剧学院罗锦麟教授倾注激情，将一出话剧以多媒体的手法表现，让观众与主人公共同追寻实现汽车梦的经历。这个策划可以给我们以下启示。

1. 参展目的方面

通过展会这一特殊途径，力争在有限的时间和空间内，使自己展示和期望展示的内容为有限的参观者尽可能多地发现、注意、了解和接受，并力争这一展示效果在更大的范围、更长的时间内得以实现。

2. 设计策划方面

（1）展台静态设计。整个展台的设计力求气势宏大，造型、材料、用色新颖独特——方便发现和引起注意；展台的内部构造、产品陈列和内容介绍要科学——方便了解、参观、洽谈。

（2）展位的动态设计。适当安排招揽性的各类表演——方便发现、注意；举行各类礼品赠予、有奖活动——方便注意、了解；举办演示、演讲活动——方便了解、接受。

（3）展场外部设计。在展会规定的各类广告中，寻找最能显示企业品牌的广告形式和位置——方便场外人流的发现和注意，为参展人员提供前期品牌指引；在展馆周边寻找广告机会，营造整体品牌氛围——避免竞争对手，制造更强大的参展声势。

（4）舆论传播设计。围绕企业、产品参展本身，或围绕展出形式等，营造可供媒体采访、报道和公众传播的话题——实现大范围、长时间的传播。

紧紧围绕参展目的进行设计策划是会展设计立体策划的必然要求。在实际的策划过程中，一般来说，围绕会展主题，体现会展的核心思想及核心理念进行设计构思是关键，策划者必须充分了解展览者的展示意图，才能决定展示的总主题及其风格。

## （三）创新性

一项成功的会展设计策划方案应该具有创新性，它既出人意料又在情理之中，这样才能新奇诱人，吸引观众，获得赞赏。会展设计策划的创新性涉及形式的定位、空间的想象、材料的选择、构造的奇特、色彩的处理、方式的新颖等多个方面。

创新的设计策划理念将现代商业与舞台艺术全新结合，在物质与精神的交融中传达出对生活平凡而深沉的热爱，能获得极好的展示效果。

## （四）统一性

整齐而统一是展示艺术的首要标准，在会展设计策划中，要力求达到展示形态的统一、色彩的统一、工艺的统一、格调的统一以及整体基调的和谐统一。这种统一性是建立在对整个会展策划体系的宏观把握上的，它要求各种设计方案之间要有统一性，各种设计策略在内在本质上要有统一性。

会展设计策划的统一性表现在内、外两个层面。

"内"是指整个展览设计过程的统一，它包括选择展览设计师，明确展台设计要求，了解参展产品和展台位置、条件，策划展台设计进程以及整个设计策划方案等；"外"是指会展设计策划要以整个会展策划的要求相统一。一般的会展策划包括会展的调查与分析、会展的决策与计划、会展的运作与模式、会展的费用预算、媒体策略、效果评估。协调统一、相得益彰是会展设计立体策划统一性的基本要求。

# 三、会展设计的文化维度与立体策划

会展发展到一定阶段，虽说本质上还是推广产品与服务，但由于会展设计者的精心立体策划，会展提升境界，宾主之间在不知不觉中实现了各自的理想目标，这就是会展设计艺术的文化维度。在会展设计中，渗透文化因素的策划是现代会展的必然要求。

会展设计策划文化因素的表现是多种多样的，而创新求异是最根本的。只有用新的视觉、新的创意、新的表现来设计才能做到出奇制胜、赏心悦目。

在实际设计策划的过程中一般采取选择、突破、重构三种方法。

## （一）选择

选择是对事物本质和非本质的鉴别，即对事物特点、亮点的发现，对其中不必要部分的舍弃。例如，展览门票的设计、印刷和制作方式有多种形式，如何进行创新选择，就要求展览门票的设计者能够画龙点睛地在不同门票上体现展览会的不同风格与特色；在展览会门票的内容设计方面，除了必须包含的五大要素（展览会名称、举办时间、地点、主办单位及价值）之外，还必须考虑是否公布组委会的联系方式（电话、传真、电子信箱、网址等），是否设计观众信息栏，如何印展览会标志。若是国际展不仅要求中英文对照，而且设计人员还必须考虑个别国家和地区、宗教和种族对某些色彩与图案的禁忌。至于门票背面，是用来刊登广告，还是做展会介绍、参观须知、展览预告、导览图等都需要进行选择。一张小小的门票，是设计水平艺术性的集中体现，也是信息化、现代化、国际化的体现，有着深刻的文化内涵。

## （二）突破

会展设计是否新颖独到，最根本的就是看是否对常规有所突破。突破主要包括两个方面：一是传统思维方式的突破，二是表现方法的突破。例如，某展览有限公司为增强企业文化内涵、打造企业品牌，提出了中国会展文化四字真经"文行忠信"的理念，其核心是：视客户为亲朋，不计一时得失，但求宏图共展，创意策划前卫，运作快捷现代，质量一流列位。创新性的会展策划理念给该公司的发展带来勃勃生机。

### （三）重构

重新构建是会展设计中的一种基本方式，它通过不断构建或寻找设计环境以及设计元素之间的关系，然后将这些关系重新组合，重新设计，从而创造出新的构思、新的意向。现代会展设计在发展趋势上不断趋于专业化、国际化和科技化，不少展会已成为重要的国际盛事，一些展会的主办者不惜重金创新设计来扩大影响。

---

**【相关链接】**

#### 法国巴黎国际运输与物流展的文化氛围

法国巴黎国际运输与物流展最大的特点是美观、秩序、和谐。

美观主要是指站台的布置与设计。几乎没有重复的特装展台，争奇斗艳，即使是标准展位也绝不敷衍了事，声光电效果自不必说，就是常青树、绿藤蔓、公园椅也可进入展位，与展示内容浑然一体。秩序指的是有人气却无人声嘈杂，数万平方米展会，一张有颜色区分的指示牌，令观众各有目标，来去便捷。有效观众全部经过筛选，分送参观票；不请自来的观众，需花钱购票入场。因此到处可见的是清静中的繁忙。和谐说的就是参展商的亲和力。没有满堂灌式的信息压迫，而是寓"教"于乐。展位个个是社交聚会的场所，案上摆的是可供参观者自由选用的美酒和咖啡，还有各色点心，最普通的，也有糖果和饮用水，加上吧台与圆椅，让你体会到身处酒吧的感觉。宾主举杯对饮之中，拉近了彼此的距离。

---

## 第二节　展示设计策略

### 一、展示设计的流程

展示设计不是简单地设计一个展台，它是一个系统工程。设计本身位于系统的中下游，设计人员在进行设计策划时需重点关注除自身设计以外的链的关系和互动。

【相关链接】

## 供应链管理理论

供应链管理（SCM）是指对整个供应链系统进行计划、协调、执行、控制和优化的各种活动和过程，供应链管理的内容是提供产品、服务和信息来为用户和股东增添价值，是从原材料供应商一直到最终用户的关键业务过程的集成管理，其目标是将用户所需的正确的产品（right product）能够在正确的时间（right time），按照正确的数量（right quantity）、正确的质量（right quality）和正确的状态（right status），以正确的价格（right price）送到正确的地点（right place），并实现总成本最小。

### （一）接受项目订单，明确设计内容

项目是展示设计公司生存和发展的源泉。对于公司的客户服务部来讲，发现和服务好每个潜在客户和目标客户是关系到设计公司整个商业运营的关键的一步。对于创意、设计、制作等其他部门也存在同样的意义。接单的同时，项目负责人和总监必须明确设计的内容、实现目标。

### （二）制订设计计划、进行市场调研

制订正确而合适的设计计划往往会提升设计的效率和服务的品质。在具体的商业设计中，计划的制订没有一成不变的模式，应根据客户的要求提交和执行相应的标准。但以下几点需注意：

第一，明确设计内容，了解客户是否有特殊的要求，要求是否有限定的条件。例如，展馆的限高和设计方案是否冲突。

第二，确认项目过程的节点，需同预算和施工要求同步计算。

第三，明确节点的相互关系和实现技巧，了解是否有最佳的解决途径，是否有供应链断层潜在的危险。

第四，充分估计每个节点所需的时间，包括不可抗拒力所花的时间，需在合同中注明。

第五，充分认知每个节点设计的重点，了解是否有不可操作性。

在完成设计计划后，应将设计的全过程的内容、时间、各段目标制成计划表，在客户确认后，按计划执行，遇未尽事宜，应及时与客户协商解决。

### （三）目标问题提出，发现设计问题

设计是一个系统工程，涉及客户需求、行业特征、企业文化、审美、技术、材料等

一系列的问题，以上因素因客户而异。因此，设计师的判断力尤为重要，设计师的阅历和知识结构同样会影响服务的品质。

### （四）提出目标提案，分析目标问题

提案是客户审核设计公司的设计意图最初的评价载体，也是设计师对客户意图的初步定位和设想。针对提案本身，双方应对方案进行深入的分析和评估，为下一步提交草案做好准备。

### （五）展开设计研究，加减设计方案

作为展示设计师研究的对象，展示的构成不是由某个单一因素决定的，而是一个系统。在充分分析目标问题的基础上，对目标项目展开设计研究决定了项目服务的品质。

通常情况下，应遵照以下要求：

第一，目的明确。不同行业、不同客户的市场研究的内容是不同的，设计开展前，针对性强的研究内容可以大大提高工作效率。

第二，内容完整。设计调研是设计的依据，有效的内容可以帮助设计师正确地判断设计的方向。

第三，适合时性。研究的内容要适时、可行。

### （六）提交设计草图，集中方案评估

#### 1. 提交设计草图

设计草图是设计师将自己的想法和对目标项目认识进行展开的一种过程，是创造性思维由抽象到具象的具体体现。它是设计师对目标项目认知、推敲、思考的过程，也是发现问题、分析问题、解决问题的有效手段。

---

**【相关链接】**

在设计草图画面上常常会出现文字的注释、尺寸的标定、材料的选择、颜色的推敲、结构的展示等。这种理解和推敲的过程是设计草图的主要功能。

从草图的功能上可以分为记录草图和思考草图。

记录草图是作为设计师记录、收集、构思、思考、优化、整理用的。展示设计的草图一般要做到以下几点：

（1）准确。严谨表达出设计师的想法是草图表现最基本的要求。

（2）生动。在表达上要有层次、有节奏，能感染观众。

（3）有细节。在局部需特别强调的地方应给予充分的说明。

思考类草图是设计师进行交流，推敲形态、空间、结构的表达工具，并把推敲的过程表达出来，以便对设计师的方案再推敲、再深入，这类草图在优化设计中有着重要的作用。此类草图有以下特征：

---

（1）思考性强。这类草图偏向思考的过程，一个形态的过渡、结构的设计往往需要一系列的构思和推敲，而这种推敲靠抽象的思维是远远不够的，需通过一系列的画面辅助思考。

（2）多角度。设计草图无论在尺度上还是在方法上都是多种多样的，往往一个画面中既有透视图，又有平视图、剖析图。此外，必要的细部图甚至结构图也是画面的重点。

（3）有层次。画面感要强，重点突出，每张画面当中应主次分明。主要部分应在视觉中心详尽地表达，辅助部分应以它为主，不可抢眼，并灵活地表现，说明问题。

### 2. 集中方案评估

方案评估的基本手段在最初时往往是大量的草图。尤其是思考类的草图凝聚着设计师对方案的理解和认识，从草图中可以发现设计师思考的过程和创意。同时，委托方可以通过草图和设计师充分地沟通和互动，提出对方案的建议和改进的方向，使方案在评估的过程中得以明确。

在评估过程中，应注意以下原则：安全性、创造性、经济性和人机因素。

展示设计的应用范围很广，不同客户有不同的要求，对使用对象、使用环境等相关因素进行评估和选择后，在设计时的侧重点也有所不同。

## （七）明确设计方案，深入优化设计

明确方案后，设计师可以在较小的范围内将一些概念进一步深化、发展。可以通过草图细分，对某些细部单独做多项设计，也可根据某项要求做多种设计方案，或在原方案的基础上优化改良。

## （八）提交效果展示，制作三维草模

在涉及范围基本确认以后，用较为正式的设计效果给予表达，目的是直观地表现设计结果。效果图是快速表达方案近乎真实、实际的一种方法。

展示设计效果图一般有以下三种：

### 1. 方案效果图

以启发、诱导设计为主，以提供交流、研讨方案为目的，此时的设计方案尚未成熟，还有待于推敲、比较、整合。

### 2. 展示效果图

这类效果图表现的设计已经成熟、完整。图纸的目的大多数是向客户提供审批的方案，作为施工的依据，同时也可以作为客户的形象推广、介绍、宣传。这类效果图对画面的可视性要求很高，对细节的表现、材质的表现、环境的表现、尺度的表达要求严格，要求做到真实、感染力强。

### 3. 三视效果图

这类效果图直接利用三视图体现，可直观地反映不同立面的形态，便于施工、审核。它通常和透视效果图并用。

三维草模是在方案的基础上进行立体表现的一种方法，通常按比例、尺度制作。制作的材料可根据具体设计筛选。

### （九）集中方案评估，人机色彩分析

在这一阶段，效果图和草模具备了初步评估的条件，这一阶段的评估重点在于设计的形态、材料的合理性、空间尺度的科学性。在这一基础上，需对人机、色彩设计在实施中的应用予以考虑。

### （十）确定设计材料，方案进行评估

二次评估后，材料的选择是体现设计和施工开始前预算必不可少的重要步骤。材料的选择需考虑以下因素：材料对设计方案的形态和结构产生多大程度的影响、设计提出的功能和结构的技术型材料能否满足、有无制造上的问题、制造成本、安全上有无隐患。

考虑设计方案时，功能和材料的问题不容忽视，通常展示的功能和材料直接影响到设计方案。这就要求设计师重视材料的性能、加工工艺、成本的性价比等因素，在施工方面反复考虑，寻求最佳的材料。

### （十一）修改设计细节，确认设计方案

细节体现设计的品质。细节体现在两方面：设计细节和施工细节。对人、展示、展示环境三者在功能设计上注重人性化、细节化，提升设计的品质；对方案的施工在设计执行阶段严格把关，也会大大提升设计的品质。

### （十二）绘制展示制图，模型沙盘展示

设计方案最终确定后，就可进入设计制图阶段。设计制图包括三视图、施工图等。图的制作要严格按照国家标准执行。以上步骤都完成之后，即可提交设计方案。

## 二、展示空间的分类及设计准则

### （一）展示空间的分类

#### 1. 大众空间

大众空间也可称为共享空间，是供大众使用和活动的区域。大众空间应足够大，以便人们进行交流而不影响其他参观者，还应当有提供资讯、餐饮、休息的地方。

#### 2. 信息空间

这是事实上的展示空间，是陈列展品、模型、图片、音像、展示柜、展板、展架、

展台等物品的地方。展厅是实现展示功能的场所，处理好展品与人、人与人、人与空间的关系是十分重要的。

### 3. 辅助功能空间

这种空间是指参观者看不到、摸不到的地方。具体又分为以下三个方面：

（1）储藏空间。许多临时性的展示活动都发放一些小册子、样本和样品让参观者带走，考虑它们的储藏空间是很重要的。

（2）工作人员空间。很多展示会都设有为管理人员准备的小房间，他们可以在这里放松一下。这个空间的大小没有关系，但是绝对不可以缺少。总的要求是区位要合理，出入口要隐蔽。

（3）接待空间。这个特别的空间为接待一些很重要的参观者而设，在这里提供一些饮料或者放映一些录像片等，为商业客户服务。在正规的博物馆里，这一部分往往作为展示建筑功能的一部分而固定。但是在大多数临时性展示会，特别是经贸展示会，一般需要临时搭建。被用作接待贵宾和贸易洽谈之处，常被安排在信息空间的结尾处，用与展示活动相统一的道具搭建，要求与展厅风格和谐统一。

## （二）展示设计的准则

### 1. 空间配置与场地分配

空间配置与场地分配是具体设计实践首先遇到的问题。通常展会按照展品的内容进行场地划分，在空间配置上同一场馆也会根据特性和标准展的空间安排划分。例如，第七届上海国际工业技术博览会分为 7 个馆，每个馆都有不同的主题。在每个馆中又根据内容分割成不同大小的空间、交叉空间、共通空间、相邻空间、分离空间。

### 2. 动线与时序

所谓动线，就是观众在展示空间中的运行轨迹。而时序则是总的动线，即决定经过各大展示空间时间顺序的线路。观众空间移动的前后次序的经验可当作时序空间关系的基础，体验展示空间的前后次序，是从展示建筑物入口之前开始的。无论是博物馆还是展览馆，一般是按照动线去组织展示空间的。依据有三点：一是根据展品内容相关性；二是尊重展示建筑的空间关系并尽量与之保持和谐；三是空间配置、动线计划、平面规划、空间构成在操作时间上是分不开的，应同时考虑一并处理。动线计划的要求也有三项：一是明确顺序性，二是短而便捷，三是灵活性。

由点产生动线。在动线的构成中，有端点和节点之分。所谓端点，即出口、入口之处；所谓节点，即观众移动中需做选择、判断之分歧路径的连接处。围绕端点或者节点去安排动线，会有很多变化，会产生很多动线造型，如放射状、多核型等。

# 三、展示照明设计

## （一）照明方式

对现代展览而言，照明设计的重要性不言而喻。与传统的博物馆、展览馆相比，现代展览不仅仅依靠预留的天窗和自然光取得照明，人工照明占据了重要的位置。光的运用，同展位形态两者虚实交互，形成了很好的视觉效果。在照明方式上，通常分为自然照明和人工照明。

### （二）照明类型

#### 1. 基础照明

是指整个场所的全面基本的照明，包括公用空间、走廊、通道、休息室等。其特点是光线均匀，注重整体空间的照明。

#### 2. 局部照明

目的在于突出重点展品或展位。照明方式灵活、便利、可移动，便于调整位置。它在特展、博物馆、画廊等展示空间环境中被广泛采用。其特点是局部亮度和光影效果能很好地表现细节，光的方向性强烈，体现出物品的体感和空间感，突出展品的位置，引起人们注意。

#### 3. 装饰照明

目的在于提升空间的层次感。合理的材料、形态、灯光的应用，使虚实空间完美结合，营造奇妙的氛围。

### （三）照明设计的程序

第一，对展览的性质、展览的目标产品做出准确定位，根据展位所处的位置、环境提出相应的照明方案。

第二，对光位的设计，依据环境、明度、光色、光性进行设计。

第三，照明条件的评估。包括对空间的照明、动态路线的分析、照明分布的评估。

第四，照明手段和方法。包括照明器材的选定、展品照明、光源选择、相关配置。

第五，照明成本分析。计算光位、光数，以及展位灯光数的相关管理费用。

第六，施工。要安全、可调整、能够控制。

## 四、展示道具设计

展示道具在现代展示展览中扮演着重要角色，是现代材料、工艺、技术的集中体现。科学地利用展示道具进行展位的搭建可快速完成既定目标。反之，如因设计师对道具没有直接的认知，可能会在施工中遇到不必要的麻烦。因此，道具设计应引起足够的重视。

现代道具设计应遵循安全、模块化和经济性的原则。

由于展览的短期性、临时性，而道具的制作在经济上的投入又比较可观，所以按照标准化、通用化、互换性强、可重复利用的原则进行道具的设计开发是努力的方向。这样的道具不仅美观耐用，而且易保存、易运输。

# 第三节 展会品牌策划

## 一、展会品牌理论

品牌既是办展机构的一面旗帜，也是展会竞争优势的重要来源。品牌展会正受到越来越多的重视。

### （一）展会品牌与品牌展会

展会品牌是使一个展会与其他展会相区别的某种特定的标志，它通常是由某种名称、图案、记号、其他识别符号或设计及其组合构成的。

一个展会经过营造，具有自己品牌的定位、内容、优势与个性，得到目标受众的一致认可，那就成为品牌展会了。

所谓品牌展会是指具有一定规模，能代表这个行业内的发展动态，反映这个行业发展趋势，对该行业有指导意义并具有较强影响力的展览会。

### （二）展会品牌形象

展会品牌形象是指参展商和观众所得到和理解的有关展览会品牌的全部信息的总和。展会品牌所包含的各种信息经过参展商和观众的感知、体验和选择，形成了展会在他们心目中的品牌形象。

可见，展会品牌是展会品牌形象的基础，展会品牌形象是对展会品牌的诠释，是对展会品牌意义的体验，是对展会品牌符号的理解。

展会品牌的有形展示主要集中在品牌名称、展会 LOGO 和标识语三方面。它们是一个有机整体。

## 二、建立品牌展会的要素

品牌展会具有超常的价值，拥有品牌展览会是一个展览企业赖以生存和发展的根本。有没有品牌展，有多少品牌展，是衡量一个城市展览水平高低的标志之一。

建立品牌展会的要素有以下几点：

### （一）坚持长期的品牌战略

有代表性的展览并非短期行为，培育一个品牌展览会并不容易，不能祈求通过办一两次展览会就达到目的。要建立一个品牌展览会需要十年、二十年，乃至更长的时间，品牌展会不能只追求短期经济效益，而应在知识、经验、能力、社会资源诸多方面逐步积累，形成长期稳定的增长。展览公司必须有长远眼光，敢于投资，敢于承担风险，耐心培育。

### （二）代表行业的发展方向

代表行业的发展方向是品牌化的重要标志。它体现展会的专业性和前瞻性。能代表行业的发展方向的展览会就会有明确的目标市场和目标客户，就能提供几乎涵盖整个专业市场的所有信息，而展会提供的信息越全面、越专业，观众就越积极，参展企业也就越踊跃。

### （三）权威协会与代表企业的支持

国际上，政府一般不干预企业办展，展览会成功与否，多取决于行业协会和行业内主要企业的支持合作。权威行业协会的参与，能增加展会的声誉和可信度，对整个展览会的招展、宣传和组织也会带来很大好处。

### （四）引进现代的管理经验

会展业主要向国际市场开拓，在管理方面就要积极吸取国外的先进管理经验。在引进国外先进经验的时候，应该考虑实用性、可持续性和可移植性。工程技术和自然科学可以说是没有国界的，但管理科学仍有特殊性，要考虑我国特色和时代发展。

### （五）配合强势的媒体宣传

新闻媒体宣传是塑造品牌的一个重要环节。在国外，有些展览会即使已经很火爆，甚至展位已满，他们也会继续宣传，强化品牌。如德国慕尼黑的许多大型展览会的组织者，他们不断在世界各地进行宣传，吸引参展商和专业观众。对于参展潜力比较大的国家，都专门派代表前去宣传，介绍相关展览。很多宣传资料都是一本小册子或一本书，内容包括历年展会回顾，介绍整个欧洲甚至世界某一行业的发展趋势与动态。不少展览企业有自己的网站，有的还经营商业出版社，为品牌做宣传。

## 三、建立品牌展会的途径

### （一）自我培育

选择能代表某一行业先进水平或某一领域发展方向的展览主题，精心培育，使之成为品牌展览会，如深圳高交会和珠海航空展。

### （二）走联合之路

品牌战的一大特征是规模，它要求尽量把同类的展览进行整合，实行同一主题或相关主题展会的联合。如北京的中国国际机床展览会等，由分散到联合，均被国际展览联盟认可，这些展会无论在国际化、专业化还是品牌化方面都已初露端倪。

### （三）品牌移植

我国展览事业发展时间不长，品牌展览并不多。我国加入世界贸易组织后，国际知名展览公司进入国内市场是必然趋势，将国际知名的展览会办到国内来，借帆出海，不失为国内展会品牌化的一种方法。如中国国际展览中心的"世界计算机展览会"，就引入了美国在其行业中影响和水平最高的展览会，形成了一定的品牌效应。

# 四、建立品牌展会的基本策略

## （一）制定品牌发展战略

建立品牌展会，最重要的一点是展会的经营者与管理者要有牢固的品牌观念，要制定长期的品牌发展战略。这其中，制定相关的措施、法规，提高会展市场的规范化水平十分重要。欧美国家会展业的规范化发展离不开政府和行业协会，尤其是行业协会起着突出的作用。举办会展，国际上通行的是备案规则，主办者提出申请，在展览协会备案即可。我国目前尚没有统一的展览管理部门和行业自律组织，有关展会的各项规范化程度都很低，因而，借鉴国外经验，应尽快制定相关的法律法规，组建全国性的行业协会，充分行使行业协会"服务、代表、协调、自律"的职能，为展会的品牌建设铺平道路。

## （二）走专业化、集团化发展之路

目前我国会展企业的基本特点是规模较小，专业性不强，这对引进高科技手段和修建先进的场馆设施是一个阻碍，因而造成组展范围受限，办展质量不高，竞争力和市场占有率较低。经济全球化对会展产业的发展模式，特别是管理模式提出了更高的要求。从会展经济发达的国家来看，越来越多的行业协会开始寻求与专业公司合作，有的甚至把展会业完全移交给专业的展览公司，专业化程度越来越高。

随着我国加入世界贸易组织和对外开放的进一步扩大，会展企业面临的国内外市场竞争日益激烈，集中力量发展大型会展企业集团，对推进会展业改革和促进展会品牌化具有重要意义。我国会展企业应采取诸如资金重组、上市经营、参股控股、兼并收购等多样化的资本经营战略，跳出仅靠内部积累成长的圈子，实现快速扩张，成就我国的展会品牌。

## （三）加快国际化进程

展会的国际化是建立品牌展会的重要保证。例如，在国际展会界，国际展览联盟（UFI）资格认证与"UFI"使用标记就成为名牌展览会的重要标志。

展会的国际化主要表现在两个方面：一是展会的国际化程度，即展会、展商的国际化；二是展会运作的国际化。

按国际认证的标准，在商业展览会中，要有20%以上的展出者、观众来自国外，广告宣传费要有20%以上用在国外。因此，招展、招商的国际化是展会组织者需要精心策划的问题。在展会运作国际化方面，展览主体的出售与收购以及通过展览企业的合作共同开拓展览市场是一种趋势。我国加入世界贸易组织后，国际展览公司进入中国市场，这种国际化的运作方式将会得到加强。

## （四）提升经营服务理念

要建立品牌展会，提升会展企业的经营服务理念是一项根本性的基础工作，展览服务是否专业化也是品牌展会的另一个标志。根据客户的需求量体裁衣是服务营销的最高境界。专业的展会服务包括展览公司的整个运作过程，从市场调研、主体立项、营销手段、观众组织、会议安排和展览现场服务的迅速高效直到展后的后续跟踪服务，服务的内容应有尽有。对会展企业来说，不仅要转变经营观念，而且要树立明确的企业服务目标，将企业所提供的服务组合起来形成独特的"产品"，运用到服务的每一个环节中去。

## （五）打造网络品牌

因特网为展会提供了附加值，它延长了展会的生命，使人们在展前展后都可以对展会进行研究。因特网使得展会的组织者能够向观众提供所需要的各个阶段不同的信息，向观众进行互动式的宣传。

目前在国际上，网上会展成为新亮点。它将传统的商务流程电子化、数字化，以电子流代替了物流，大大减少了人力、物力，降低了成本，提高了效率。网展将组织者、参加者和观众通过网络联系起来，摆脱了时空限制，为会展带来了更大的发展空间。我国的会展业应该充分利用网络的信息资源优势，在现实世界之外打造知名的中国会展网络品牌。

**【复习思考题】**

1. 简述会展设计立体策划的概念、特点、方法。
2. 简述展示设计的流程。
3. 简述建立品牌展会的要素和途径。
4. 简述建立品牌展会的基本策略。

**【案例分析】**

### 表现方法的突破带来意想不到的效果

第三届上海工博会采用网上开幕式，主办者按下电钮，屏幕上的彩球自然落下。在工博会展览期间，30万人次点击工博会网站，"在线工博会"使工博会永不落幕。

瑞士日内瓦的国际电讯展示会（TELECOM），主办方为吸引卖家的注意，耗资9亿美元力邀国际顶尖设计师领衔精心布展。公司产品利用高科技手段进行展示。展览会现场多为复式结构，备有用于面谈的高级会议间和休息厅，与会者可通过电梯与扶梯自由进出，该展会的设计成为经典之作。

　　近年来，为创展会品牌，会展的设计者纷纷采取整合营销策略对会展设计进行立体策划，大到设计理念的制定，小到安排展台清洁工以及展位维护的细节处理，都作为一个整体来考虑。

　　**分析题**：分析创意会展设计的重要性。

# 第 七 章

## 大型事件策划

### 本章导读

本章主要围绕大型事件的界定、策划方法和步骤展开学习。不谋全局者不足以谋一隅，大型事件开始之前的策划是项目能否成功的关键，如何进行有效的策划是关键，如何衡量能力和项目之间的平衡是大型事件策划的基础。大型事件的产生源于策划人员长期的积累和创造的灵感。从脑海里浮现某一特定主题开始到事件的初步市场分析和财务估算，直至该事件正式立项，这一过程被称为策划的项目设想与建议过程。

### 【学习目标】

1. 了解大型事件的基本概念、程序和方法。

2. 掌握大型事件策划案的编写以及大型事件突发应急预案，形成理性思维，从而对大型事件从策划到实施的过程有一个全面的了解。

3. 通过本章的学习，能够参与大型事件的策划和组织。

### 【导入案例】

#### 重大新闻策划的理性思考

1. 坚持三个原则，力避策划新闻

一是客观性原则。新闻策划必须坚持客观地叙述新闻事实，让事实说话，通过事实本身的逻辑表达观点。

二是导向性原则。导向性原则是新闻策划中最重要的一个原则。媒体必须遵循正确的舆论导向，策划人应保持清醒的政治头脑，才能形成鲜明的报道思想，创作出鲜活的新闻节目，给人以正确的舆论引导。

三是创新性原则。新闻策划的创新性表现有三：视角要新奇，不拘泥于陈规陋习；内容有新意，让读者看后有新的启示、新的收获；编排求新颖，给人赏心悦目之感，收到最佳宣传效果。

2. 破解四大症结，力求精心精致

一是"虎头蛇尾"。主要表现为：对新闻报道策划的可行性认识不够到位，准备不够充分，导致策划陷入有头无尾、不了了之或半途而废的尴尬境地。产生这种情况的原因主要是选题不准，策划不周，不能随机应变。这就要求我们进行策划时，必须坚持实事求是、量力而行的原则，不能只凭一时的激情，求一时的轰轰烈烈，要对报道过程中各种细节做全面考虑和超前预测，把事情想得越周到越好、越复杂越好。同时在制订策划目标时留有一定余地，具体实施起来才有备无患，以免发生变故而措手不及。

二是选题失当。主要表现为：新闻报道策划的目的性不明确，新闻报道策划选题缺乏分量和厚度，有时为了凑篇数，造声势，往往生拉硬拽，拖沓注水，无病呻吟，难以引起受众共鸣。因此，要求采编人员应具备良好的素养、能力与事业心外，还要求深入生活，把握时代脉搏，按照"贴近实际、贴近生活、贴近群众"的要求，将大政方针与身边鲜活的新闻事实有机地结合起来。

三是照搬照抄。主要表现为：新闻报道策划一味照搬或延续传统做法，缺乏独创性和新鲜感。新闻报道策划是一种创造性的劳动，应力求出新。只有在时间和地域、内容和形式上以超凡的气势和独特的视角予以报道，才能出奇制胜，达到策划的目的。因此，策划人员必须跳出传统思维方式的旧框框，勇于探索、大胆创新。

四是单打独斗。主要表现为单兵作战，唱独角戏，没有整合资源，形成合力。重大新闻策划中，要充分发挥媒体优势，整合各部门力量，整体出击，取长补短，形成声势，扩大宣传影响力。

请思考：大型事件策划中应该注意什么问题？

# 第一节　大型事件概述

## 一、大型事件的概念

大型事件是指引起世界广泛关注、不同寻常的大规模活动。根据这种事件的发生频度可将其分为常发事件和偶发事件，也可根据其本身的性质及对人们生活的影响将其分为良性事件与恶性事件。

罗氏（Roche，2000）从研究事件的现代性角度出发，综合事件的规模、目标观众及市场、媒体类型覆盖面等标准把事件划分为重大事件、特殊事件、标志性事件和社区事件等 4 类。

### （一）重大事件

重大事件的规模是很大的，目标观众是全世界人民，媒体覆盖全球，如每 4 年一届的奥运会、世界杯，每 5 年一届的世博会。

### （二）特殊事件

特殊事件的规模仍然很大，但相对于重大事件而言规模要小一些，目标观众是几个大洲或一个大洲内的人民，媒体覆盖几个大洲或一个大洲，如欧洲南美洲俱乐部丰田杯足球赛、亚洲运动会等。

### （三）标志性事件

标志性事件多是在一个国家内或国家内部分地区发生的事件，目标观众是国内或省内人民，媒体多为国家电视台或省内电视台，如全国运动会、国家内的商品展销会等。

### （四）社区事件

社区事件规模最小，目标观众或市场仅限于乡镇或地方社区，报道的媒体多为地方性的小报刊、广播电台或电视台。

根据罗氏的分类，本章中的大型事件是指重大事件及特殊事件，而不包括标志性事件及社区事件。

## 二、大型事件策划的程序

### （一）需求调查

策划要对策划活动相关的材料进行广泛收集，包括文字、图片以及视频等。之后，对收集的资料分类编排、结集归档，进行可行性研究。国家有关大型事件举办方面的政策和法规、公众关注的热点、历史上同类个案的咨询、场馆状况和事件的选择，都是需要调研的内容。如果事件策划有赞助商，还需考虑分析合作商的情况，最大程度地实现双方利益最大化，实现双赢。

### （二）确定目标

事件策划准备阶段的一个关键步骤就是确定目标。只有确定目标，策划才能顺利进行。要想通过事件的策划及实施达到所期望的理想效果，策划小组就要深入调查研究，科学预测。目标确定之后，就为事件方案的拟订与实施提供了方向性的依据，也为具体事件的策划与实施设立了一个期望性的标准，使策划思维得以有序进行。此外，是否达到预定目标可以用来衡量活动策划的成败，由此可见确定目标的重要性。

### （三）收集信息

信息是策划的基础和素材。成功的策划，是创造性思维的过程及结果。每一项成功的策划，都包含策划者对特定信息的思维组合。信息收集是信息得以利用的第一步，也是关键的一步。信息收集工作的好坏，直接关系到整个大型活动策划的质量。从策划举办一个大型活动的角度出发，需要收集的信息主要有：市场规模、市场竞争态势、活动参与者的数量和分布状况、行业协会状况、市场发展趋势、相关产业状况等。

### （四）激发创意

创意是策划的核心。当产生了一个绝无仅有而又切实可行的创意时，一连串的相关灵感就会相继产生，策划很快形成。

### （五）拟订初步方案

第一，选定主题。主题是对事件内容的高度概括，是整个策划的灵魂。要为广大公众接受，就必须选好主题，应避免重复化、大众化。

第二，选定日期。除了固定的纪念日，日期的选择一般较为灵活，但策划时首先要将日期确定下来，以便作具体的时间安排，并将其列入组织计划中。

第三，选择地点。选择地点时必须考虑公众分布情况、事件性质、经费以及事件的可行性等诸多因素。

第四，估计规模。估计参与者的人数。

第五，预算费用。计划好事件的成本和各项费用支出，使有限的资金发挥最大的作用。

### （六）筛选方案

策划大型事件时要明确事件活动的目的与意义，要精心设计活动的形式和内容，要有独特的创意，根据上述事件策划的原则，筛选最优方案，避免落入俗套。策划方案出来之后，选择其中最合适、最理想的方案也就成为策划中一个带有决策意义的重要环节。方案选择得好，继而进行的工作就有可能取得好的成绩；方案选择不当，就会影响效果。

### （七）调整与修正方案

在选定策划方案后，在尊重原策划方案的程序、原则和方法下，各个环节都要经过严格的筛选和充分的论证，要根据大型事件策划的动态性原则对策划方案进行调整和修正，以满足大型事件的举办需求。

### （八）实施方案

根据策划方案进行具体实施，尤其体现在现场的管理之中，同时要注意相关信息和资料的收集、存储、整理，这样才能保证有所收获。

### （九）后续工作和评估总结

对大型事件进行评估，要用简洁明晰的语言做出结论，针对评估的结论提出可行性措施或是处理已经存在的问题，最好能提供有针对性的具体方案。同时，要做好后期的服务工作，在客户的跟踪服务上应该注意细节，追求人性化和个性化的统一。

## 第二节　大型事件策划的原则和方法

# 一、大型事件策划的原则

大型事件的策划必须遵循一些基本原则，才能确保它的价值底线和操作规范，才能朝着更为健康的方向发展。

### （一）指导性原则

策划是对活动整体运作的指导性方案，策划的结果就是活动的蓝图，大型事件应该遵循策划所制定的指导性方案行动，而不应该有其他的依据。指导性原则体现在它对于活动运作过程中涉及的每个人的工作以及各个环节的关系处理。

### （二）独特性原则

独特性是大型事件策划诸多因素中最具魅力的部分。每一次策划的对象不同，面临的环境各异，同时为了使策划成果与其他成果形成明显区别，引起人们的关注，大型事件的策划必须做到与众不同，即具有独特性。

### （三）创新性原则

现代市场经济条件下，竞争异常激烈，产品层出不穷。若想有所成功，必须不断创新。策划要做到稳中有变，变中求新，以适应变化发展了的环境。具体来说，大型事件策划应坚持"人无我有，人有我新，人新我换"的理念。

### （四）主题性原则

主题是在大型事件策划中被不断展示和体现出来的一种理念或价值观念。主题的确定关系到大型事件策划的目标和所突出的特色，是策划活动的中心、依据和立意的起点。因此，在策划中必须坚持主题性原则。

### （五）整体性原则

大型事件可视为一个整体，策划就是对整体目标进行综合分析、预测、评估、最优化，并把事件中复杂的层次组合成一个科学有序的状态的过程。在大型事件策划这个复杂系统中，既有大系统又有子系统，它们之间相互作用、相互联系，共同为活动目标服务。根据系统论的基本思想，这种系统化的整体功能比各个子系统功能的简单相加要高，可以保持整个事件整体性的最优状态。

### （六）效益性原则

效益是人们在各种活动中所产生的收益与其付出的对比关系。策划的效益性原则就是指在策划时，必须考虑如何以较小的投入取得较大的收益，保证策划效益的最大化，获取较好的效益是策划的出发点和归宿。任何一个事件，都必须考虑经济和社会双重效益，既要考虑近期可见的效果，也要追求远期潜在的效果，既要考虑事件本身的艺术性，又要考虑所拥有的现实资源。任何一个事件的策划都要讲究投入产出，讲究实际效果。

### （七）可行性原则

策划者在策划之前，一定要做可行性分析，以确保策划方案的实现。可行性分析应贯串策划的全过程，即在进行每一项策划时都应充分考虑所形成的策划方案的可行性。策划方案形成后，必须进行可行性分析，以便选出最优方案或做最后的选择。

## 二、大型事件策划的方法

大型事件策划是一项理性与感性、市场与创意兼有的工作，策划的核心在于创新。不断创新是大型事件常办常新的关键，是大型事件的吸引力和魅力所在。具体来说，可以通过以下方法达到创新的目的。

### （一）比较分析法

策划者可以对自己所掌握或熟悉的某个或多个特定的事件活动，进行纵向分析或横向联想比较，既可以是典型的成功的事件，也可以是不成功的事件，从而挖掘和发现新机会。大型事件的好坏、得失、成败、节约与浪费等，都是相比较而言的，有比较才有鉴别，而且比较后可能会发现各有优点。

### （二）创新策划

创新贯串大型事件策划的各个环节，主要应从以下三个方面着手：

#### 1. 理念策划创新

理念创新指的是思想观念的创新和思维方法的创新。大型事件活动策划应该以公众兴趣为出发点，挖掘有价值的内涵。

### 2. 内容策划创新

策划的创新还要不断地寻找新颖性和时效性的素材，让观众能够耳目一新。大型事件生存主要的卖点就是要富有创意，不断推陈出新，老的内容很容易让观众产生厌倦感，内容要新鲜、独特、与众不同。

### 3. 形式策划创新

策划的创新不仅要在内容上做到新颖独特，还要在形式上有新意。要做到使大型事件有所创新，则需要策划人员有独特的生活体验和善于长期关注某些社会现象，并对这些社会现象有所思考和感悟的能力。具备这种能力，才能在事件策划过程中别出心裁，打破常规，形成新颖奇特的创意。

### （三）运筹学方法的运用

进行大型事件策划时，要借助运筹学的方法来关注并提高大型事件的质量与效率。在大型事件策划中使用运筹学，就是要使用分析的、定量的、定性的科学方法，在内部环境的约束条件下，为了达到策划的目标，合理配置整个事件中的人力、物力、财力等资源，统筹兼顾各个环节之间的关系，以便使策划方案有效实施，达到效益最大化，并体现大型事件可持续发展的长效性。

# 第三节　大型事件策划案的编写

## 一、大型事件策划案的概念

所谓大型事件策划案，就是根据掌握的各种信息，对即将举办的大型事件的有关事宜进行初步规划，设计出大型事件举办的基本框架，提出计划举办的大型事件的初步规划内容，主要包括：大型事件的名称，大型事件的举办地点，大型事件的组织机构，大型事件的举办时间，大型事件举办的频率，大型事件包含的范围，大型事件的规模，大型事件的定位，大型事件的初步财务预算，大型事件的人员分工、招展招商和宣传推广计划，大型事件的进度计划、现场管理和相关活动计划等。

## 二、大型事件策划案的内容结构和写作要求

### （一）大型事件的名称

大型事件的名称一般包括两个方面的内容：基本部分和限定部分。

基本部分用来表明大型事件的性质和特征，常用词有奥运会、博览会、交易会和节等。

限定部分用来说明展会举办的时间、地点和展会的性质。

展会举办时间的表示办法有三种：一是用届来表示，二是用年来表示，三是用季来表示。如第四届大连国际服装节、2003 年广州博览会、法兰克福春季消费品展览会等。在这三种表达办法里，用届来表示最常见，它强调展会举办的连续性。那些刚举办的展会一般用年来表示。展会举办的地点在展会的名称里也要有所体现，如第三届大连国际服装节中的"大连"。

展会名称里体现展会性质的词主要有"国际""世界""全国""地区"等。如第三届大连国际服装节中的"国际"表明本展会是一个国际展。

### （二）大型事件的举办地点

选择大型事件的举办地点，就是要确定展会在哪个国家、哪个省或者哪个城市里举办。选择大型事件举办的具体地点，要结合大型事件的题材和大型事件的定位而定。另外，还要综合考虑成本的大小、大型事件安排是否符合自己的要求以及设施和服务等因素。

### （三）大型事件的组织机构

大型事件的组织机构是指负责大型事件的组织、策划、招商等事宜的有关单位。大型事件组织机构可以是企业、行业协会、政府部门和新闻媒体等。

根据各单位在举办大型事件中的不同作用，一个大型事件的组织机构一般有以下几种：主办单位、承办单位、协办单位、支持单位等。

主办单位是指拥有大型事件并对大型事件承担主要法律责任的单位。主办单位在法律上拥有大型事件的所有权。

承办单位是指直接负责大型事件的策划、组织、操作与管理，并对大型事件承担主要财务责任的单位。

协办单位是指协助主办或承办单位负责大型事件的策划、组织、操作与管理，部分地承担大型事件的招商和宣传推广工作的单位。

支持单位是指对大型事件主办或承办单位的展会策划、组织、操作与管理，或者招商和宣传推广等工作起支持作用的单位。

### （四）大型事件的举办时间

大型事件举办的时间是指事件计划在什么时候举办。大型事件举办的时间有三个方面的含义：一是指举办大型事件的具体日期，二是指大型事件的筹办和撤展日期，三是指大型事件对观众开放的日期。

大型事件举办的时间长短没有统一的标准，要视不同的事件情况而定。有些大型事件活动的时间可以很长，如"世博会"长达几个月甚至半年。

### （五）大型事件包含的范围

大型事件包含的范围要根据大型事件的定位、大型事件组织机构的优劣势和其他多种因素来确定。根据对大型事件的定位，其范围可以是一个或者几个产业，也可以是一个产业中的一个或几个产品大类。

## （六）大型事件举办的频率

大型事件举办的频率是指大型事件是一年举办几次还是几年举办一次，或者是不定期举行。大型事件举办的频率确定受题材所在产业特征的制约。

## （七）大型事件的规模

大型事件的规模包括两个方面的含义：一是举办大型事件占地面积是多少，二是观众有多少。在策划举办一个大型事件时，对这两个方面都要做出预测和规划。

在规划大型事件的规模时，要充分考虑产业的特征。大型事件的规模大小还会受到观众数量和质量的限制。

## （八）大型事件的定位

通俗地讲，大型事件的定位就是要清晰地告诉观众本次大型事件"是什么"和"有什么"，具体地说，大型事件的定位就是事件的组织机构根据自身的资源条件和市场竞争状况，通过建立和发展大型事件的差异化竞争优势，使自己举办的大型事件在企业和观众的心目中形成一个鲜明而独特的印象的过程。

大型事件的定位要明确观众、活动目标、事件的主题等。

## （九）大型事件的初步财务预算

举办一个大型事件涉及方方面面的问题，需要大量的财力、人力的付出，大型事件的初步预算是对举办大型事件所需要的各种费用和预期获得的收入进行的初步预算。

## （十）大型事件的人员分工、招展招商和宣传推广计划

大型事件的人员分工、招展招商和宣传推广计划是大型事件的具体实施计划，这几个计划在具体实施时会互相影响。

人员分工计划是对大型事件工作人员的工作进行统筹安排。招展计划主要是为招揽参展厂参加大型事件而制定的各种策略、措施和办法。招商计划主要是为招揽观众参加大型事件而制定的各种策略、措施和办法。宣传推广计划则是为建立大型事件品牌和树立举办大型事件的形象，并同时为大型事件的招商服务的。

## （十一）大型事件的进度计划、现场管理计划和相关活动计划

大型事件的进度计划是在时间上对事件的招商和宣传推广等工作进行的统筹安排。它明确在大型事件的筹办过程中，到什么阶段就应该完成哪些工作，直到大型事件成功举办。大型事件进度计划安排得好，筹备的各项准备工作就能有条不紊地进行。

现场管理计划是大型事件开始后对现场进行有效管理的各种计划安排，它一般包括大型事件开幕计划、管理计划、观众登记计划和撤展计划等。现场管理计划安排得好，

现场将井然有序，秩序良好。

大型事件相关活动计划是对与大型事件同期举办的各种相关活动做出的计划安排。与大型事件同期举办的相关活动最常见的就是各种表演。

---

**【相关链接】**

## 全球十大著名广告策划案

1. "雅倩"洗衣粉——"世界上最长的晾衣绳"

案例介绍：在 2000 年到来之际，宝洁公司为推广"雅倩"洗衣粉，在巴西里约热内卢博达福戈海滩，拉起世界最长的晾衣绳。在博达福戈海滩拉起的这根晾衣绳，全长 22420.5 米。当时吉尼斯最长晾衣绳记录 18000 米。这根晾衣绳共用了 2800 根橘红色柱子，700 米长 5 毫米粗的绳子 32 根。这根世界上最长的晾衣绳上，共晾晒了 4 万多件用"雅倩"洗衣粉洗涤的白色衣服。为了收集可供晾晒的白色衣服，他们在里约热内卢发起了"捐献白衣"的活动。每捐献一件白衣，可获得一张 2000 年 1 月 2 日在桑巴广场举行的"千禧年狂欢"活动门票。

2. 可口可乐与花旗——"全美手牵手"

案例介绍：沿美国边境公路，可口可乐与花旗赞助了一个壮观的行为：美国人手牵手。

3. 科技会议新闻——"融化的企鹅"

案例介绍：某次关于"大气臭氧层"的国际性会议，会议组织者在主会场门前道路旁，放置了一些冰雕的企鹅。因为阳光的照耀，冰雕的企鹅在融化。那天，当地和全世界新闻都出现了"企鹅在融化"图片及关于"大气臭氧层"的相关新闻报道。

4. 得克萨斯州——"105 件代替抽烟的事物"

案例介绍：在得克萨斯州，一群孩子，在一面普通的围墙上，用孩子们的想象，帮助大人想象出 105 件代替抽烟的事物，最终成为全球新闻。

5.《申江服务导报》——"2002 年上海的肖邦"

案例介绍：2002 年 10 月，复旦大学经济学院一名学生名潘佳琪，选择上海外白渡桥上、襄阳路服饰市场、金茂大厦广场、淮海中路地铁口以弹钢琴的形式，演绎"2002 年上海的肖邦"。

6. 法国——国庆节庆典

案例介绍：某年 7 月 14 日，法国人民以如下方式度过自己国家的国庆日：大家集中到法国中轴线国家公路，自己准备食物和香槟，自己准备桌椅，沿公路依次排开，聚餐庆贺。

7. 金泉钱币——《中国大历史》

案例介绍：2002 年元月，西安金泉钱币公司推出一部用 272 枚真实的古钱币编纂而成的《中国大历史》。本书以钱币把殷商至民国 3000 年华夏文明史串联起来，反映了各个历史时期政治、经济、文化、军事、科技等情况。钱币中有罕见的上古贝币，先秦楚铜币、刀币、布币、圜钱，还有神秘的西夏钱币、稀少的金代钱币等。该实物集共分 4 册，外包装盒用金丝楠木雕刻而成，经公证在国内绝版发行 2000 册。

8. 中国凤凰卫视《千禧之旅》PK 日本电视节目《超级变变变》

案例介绍：1999 年 9 月开始，香港凤凰卫视历时 4 个多月，跨越 4 万多公里 20 个国家，带引观众游四大古文明发源地和三大宗教发祥地，一起探索、破译古文明的演变和兴衰……一百多天的连续报道，四场晚会，两场报告会，五集《真情面对》谈话节目，十三集纪录片以及难以统计的报纸连载、网络追踪，等等，构成了一个系统的电视传播工程，获得了十分高扬的收视率和品牌影响力。

9. 美军——"扑克牌通缉令"

案例介绍：2003 年那一仗打出创造力！美国一个年青的印刷工人，设计出"扑克牌通缉令"并且通过 E-mail 向军方发出自己的策划。想不到，第二天这个策划就得到美军司令部批准。接下来，几百万副"通缉令扑克牌"发到驻伊美国大兵手里。士兵们在闲暇之余的游戏中很快就对伊拉克高官的姓名、官职、长相了如指掌，为抓捕工作奠定了基础。"扑克牌通缉令"别具一格的创意和其所引起的轰动效应，给全世界人民留下了深刻印象。

10. 《蓝色词典》PK 格拉斯《我的世纪》

案例介绍：《蓝色词典》，一本法国书籍。现实中的和想象中的蓝色，具象的和抽象的蓝色，蓝色 CMYK，中国的蓝印花布，著名音乐《蓝色多瑙河》，都在本书中以蓝色的名义归队。

# 第四节　大型事件突发应急预案

突发应急预案是指突然发生，造成或者可能造成严重社会危害，需要采取应急处置措施予以应对的自然灾害、事故灾难、公共卫生事件和社会安全事件的应急预案整体系统。为有效预防和及时控制大型事件中发生的突发事件，迅速采取正确和有效的措施，妥善处置突发事件，最大程度地减少其危害和影响，在事件发生之前，必须制定相应的预案。

## 一、工作原则

### （一）预防为主

加大宣传普及安全知识的力度，提高公众自我防护意识，细致排查公共场所和大型事件中各类突发事件的隐患，采取有效的预防和控制措施，减少突发事件发生的概率。

### （二）依法管理

公共场所和大型突发事件预防控制的管理及应急处置工作，要严格执行国家有关法律法规。

### （三）快速反应

各行政主管部门、各类公共文化场所和大型事件主办单位应相应建立预警和处置快速反应机制，在突发事件发生时，立即进入应急状态，启动各级预案，在统一领导下，果断采取措施，在最短时间内控制事态，将危害与损失降到最低程度。

## 二、应急组织体系及职责

应急指挥部是大型突发事件发生后及时成立的、负责事件处置的决策领导机构。主要职责如下：组织、指挥、协调各职能部门参与应急响应行动，下达应急处置任务；制定有关突发事件信息发布工作指导方针，决定或与有关方面共同研究发布的时间、方式等；加强与市政府及相关部门的联系，及时报告、通报有关情况和信息；研究解决突发事件中的重大问题。

## 三、应急预测和预警机制

### （一）评估和预测

各类大型事件主办单位应做好应对突发事件的思想准备和组织准备，加强日常管理和监测，注意日常信息的收集与传报，对可能发生的涉及公共安全的预警信息进行全面评估和预测，制定有效的监督管理责任制和预防应急控制措施，尽可能做到早发现、早报告、早处置。

### （二）预防预警行动

相应大型事件主办单位应建立必要的预警和快速反应机制，对各类大型事件加强事前的监督检查。演练各种应急预案，磨合、协调运行机制。

公共场所制定必要的日常安全保卫工作方案、安全责任制度。强化日常人力、物力、财力储备，增强应急处理能力。

大型事件的主办单位必须在举办之前制订相应的安全保卫工作方案和应急预案，报当地公安部门登记备案。

公安机关依照有关法律法规负责对大型事件的安全保卫工作进行安全检查，并负责当地公共场所和大型事件的治安管理工作。

大型事件的主办单位和场地出租单位共同负责落实安全保卫工作方案和安全保卫责任制度；负责事前安全保卫工作宣传教育，增强工作人员的安全意识；负责协助公安机关对活动场所进行安全检查；负责采取必要措施及时消除安全隐患。

### （三）预警支持系统

公共场所举办大型事件应严格核定人员容量，加强对现场人员流动的监控；安装必要的消防、安全技术防范设备，配备预警通信和广播设备，预留公安、消防、救护及人员疏散的场地和通道；确保安全工作人员数量，明确其任务分配和识别标志；在售票处、出入口和主要通道设专人负责疏导工作。

突发事件发生时，主管部门接报后应及时向应急指挥部报告。报送信息应尽可能客观实际，真实准确。力求多侧面、多角度地提供信息，要防止片面性。

## 四、应急行动的响应及措施

突发事件预测、预警、报警、接警、处置、结束、善后环节的主管部门、协作部门、参与单位，必须在应急领导小组的统一指挥下，充分履行职责，切实做到上下联动，左右互动，紧密配合，高效运转。

### （一）基本响应

当确认突发事件即将或已经发生时，按照"统一指挥、专业处置"的要求，成立现场指挥部，确定联系人和通信方式，指挥协调公安、交通、消防、通信和医疗急救等部门应急队伍开展前期救援行动，组织、动员和帮助群众开展救助工作。

现场指挥部应维护好事发地区治安秩序，做好交通保障、人员疏散、群众安置等各项工作，尽全力防止紧急事态的进一步扩大。及时掌握事件进展情况，随时向有关部门报告。同时，结合现场实际情况，尽快研究确定现场应急事件处置方案。

参与突发事件处置的应急指挥部、各相关单位应立即调动有关人员和处置队伍赶赴现场，在现场指挥部的统一指挥下，按照专项预案分工和事件处置规程要求，相互配合、密切协作，共同开展应急处置和救援工作。

现场指挥部应及时跟踪事态的进展情况，一旦发现事态有进一步扩大的趋势，有可能超出自身的控制能力，应立即向有关机关发出请求，由机关单位协助调配其他应急资源参与处置工作。

### （二）扩大应急

预计将要发生或已经发生特别重大、重大突发事件时，启动相应的应急预案。依据事件等级，统一领导突发公共事件的处置工作。

如果突发事件的事态进一步扩大，预计现有应急资源难以实施有效处置，应以突发公共事件应急委员会的名义，要求公安、武警部队参与处置工作。

### （三）现场应急基本措施

应急预案启动后，现场指挥部应当立即组织、调动应急救援队伍和社会力量，根据实际情况采取下列措施：组织营救和救治受害人员，疏散、撤离、安置受到威胁的人员等救助措施；迅速消除突发事件的危害和危险源、划定危害区域、加强巡逻、维持社会治安等控制措施；针对突发事件可能造成的损害，封闭、隔离或者限制使用有关场所，中止可能导致损害扩大的活动等保护措施；法律、法规、规章等规定的其他措施，包括依法限制公民某些权利和增加公民义务等措施。

### （四）应急处置

信息报送内容：事件发生的时间、地点和现场情况；事件的简要经过、伤亡人数和财产损失情况的估计；事件原因分析；事件发生后采取的措施、效果及下一步工作方案；其他需要报告的事项。

### （五）指挥和处理

接到突发事件报告后，根据事件的性质和严重程度提出启动相应的应急预案的建议。

各职能部门应主动参与现场应急工作，在指挥部的统一指挥下，参与人员抢救和现场抢险。

### （六）宣传、培训保障

加强大型事件突发情况预案的普及工作，公布应急指挥部和接警电话，宣传突发事件的预防、避险、自救、互救等常识，依靠广大群众有效预防突发事件发生和减轻因突发事件造成的损失。

加强对公共场所和大型参与活动人员消防、卫生、治安等方面的知识技术培训；积极组织突发事件预备队进行技能培训，提高他们预防和处理突发事件的能力。

定期进行公共场所和大型活动突发事件应急模拟综合演练，提高应急体系协同作战和快速反应能力。

### 【复习思考题】

1. 大型事件策划的程序有哪些？
2. 简述大型事件策划的原则。
3. 论述大型事件策划的方法。

**【案例分析】**

正月十五是传统的闹花灯的时间，某县文化局为了活跃群众文化活动，在公园举办了大型迎春灯展活动。大型迎春灯展活动人山人海，游人如织。在正月十五夜9时灯展达到高潮时，有观灯游人在公园跌倒，身后游人不明真相引起骚动发生拥挤，游人争相四散。由于无人疏导，找不到安全通道，踩踏造成36人死、14人伤的特大恶性事故。事后，文化局大型迎春灯的主管副局长、安全管理员及其他相关直接责任人员，被法院定罪处罚。

**分析题：** 据此案例分析应急预案的重要性。

# 第八章

# 会展相关策划

## 本章导读

本章围绕会展活动中的其他相关策划开展学习。会展相关活动是指为创造展会现场气氛或丰富展会功能而在展会期间举办的各种活动。这些活动和展会融为一体，成为整个展会的重要组成部分。会展的类别不同，其主体内容也不相同。例如，展览会的主流活动是展位中的展示、宣传、营销活动，不过，会展相关的活动如礼宾活动（开幕式、招待酒会、领导会见等）、交流活动（技术交流、技术讲座、学术报告、经济论坛）、表演活动（产品演示、设备操作、技术表演）、贸易活动（贸易洽谈、项目介绍、合同协议、意向签约仪式）、娱乐活动（参观访问、观看文艺节目、品尝风味小吃）等也是不可缺少的内容。

## 【学习目标】

1. 了解会展相关活动策划的作用与原则。
2. 认识和理解会展相关活动的策划。
3. 把握会展旅游活动的概念与策划。

## 【导入案例】

### 炮制新闻热点助推展会宣传

音乐声缓缓响起，绚丽的舞台光影交错。聚光灯下，湖南电视台汤梦达和时尚歌星黄征闪亮登场，40多家媒体的"长枪短炮"频频发出闪光和快门声，"VISCAP07/08 秋冬新品时尚发布会"正式开始。

　　这是北京 VISCAP 服饰有限公司举办的专场展示会，是 VISCAP 参加 2007 年 3 月北京中国国际服装服饰博览会（CHIC）深层次的延续。不同的是，他们把活动从北京中国国际展览中心移到了位于北京商业繁华地段的王府酒店。通过精心策划，此次专场展示会达到了预期的效果。由于活动重点锁定时尚明星黄征与时尚服装的结合，满足了娱乐消费媒体对时尚资讯报道的需求。原定邀请 15 家媒体报道展示会，实际却来了 20 多家，如果不是场地受限制，至少还能满足 20 家媒体的申请。

　　据介绍，VISCAP 此次专场展示会之所以引起媒体的关注，主要源于时尚明星黄征以 7 位数的身价签约该服饰公司。按照约定，黄征将参加 VISCAP 全国各地的重大品牌推广活动，包括拍摄广告以及参加 VISCAP 零售店和经销商举办的零售促销等。这一亮点成为此次媒体报道最具价值的新闻素材。

　　除了产品质量和服务过硬外，在展示活动中，有意识地重点结合媒体报道需求进行活动策划，挖掘新闻亮点，为媒体提供鲜活的报道素材，是每一个企业面临的新课题。只有这样，企业才能在展览会上赢得更大的成功。

　　**请思考：**从会展策划流程的角度说说 VISCAP 为什么这么成功？VISCAP 对于会展策划来说有哪些借鉴的地方？

# 第一节　会展相关活动策划的作用与原则

　　会展相关活动是指为创造展会现场气氛或丰富展会功能而在展会期间举办的各种活动。这些活动和展会融为一体，成为整个展会的重要组成部分。

## 一、举办会展相关活动的作用

### （一）丰富展会信息

　　从本质上来说，会展是为信息交流而进行的传播活动。会展的最大特点在于信息的"集中"。从"会"的角度讲，会议的每一个参加者，既是信息的传播者，又是信息的接收者；从"展"的角度来说，展览是指以展馆场所为媒介进行社会信息系统的运行；从目标受众的角度来说，观众参观展会，大都是为了能在展会中收集各种有用的信息。因而，展会本身应该是信息的总汇。举办会展相关活动正是为了极大地丰富展会的信息。

### （二）强化展会发布

　　专业展会常常会有系列研讨会、讲座、产品发布会等活动，主讲单位一般都是行业内的领先者。由于展会上行业人员聚集，信息传播很快，许多企业选择展会作为发布信息的场所。有些展会专门组织产品发布会供企业选择，还有些展会将新产品发布与表演、比赛等活动结合起来，以此来强化展会的发布功能。

## （三）扩展展会展示

展会的价值与展出目标主要是在展台上得以实现的。展台工作包括展会开幕期间的展台接待、展台推销、贸易洽谈、情况记录、市场调研等。如果将筹展工作比作"搭台"，展台工作比作"唱戏"，那么，展会的相关活动就好比"配乐、配器"。在展会期间举办相关的活动如产品展示会、有关表演和比赛等能使企业和产品的形象更好地展现，给观众留下更加深刻的印象。

## （四）延伸展会贸易

在大多数交易会、展览会和贸易洽谈会上都能签署一定金额的购销合同，以及投资、转让和合资意向书。可以说，展会是一个重要的贸易平台。举办会展相关活动能够延伸展会贸易的这种功能。例如，产品订货会、产品推介会、项目招标活动等都可以使展会取得良好的效果。

## （五）活跃展会现场气氛

举办富有观赏性和趣味性的相关活动能极大地调动现场观众的积极性。在设计相关活动时，策划者应当选取参与性强、互动效果好的项目，这样不仅能给观众留下深刻的印象，而且可以活跃展会现场气氛，为参展企业创造良好的现场环境。

---

**【相关链接】**

在飞利浦公司的展台上，一侧设计了一面主题墙，墙面上写着飞利浦照明的发展历程，墙下面的展柜里，相应的有各个不同历史阶段的展品，主要是各种灯具，都是飞利浦公司发明或者享有专利权的。有一盏灯吸引了观众，它是飞利浦公司发明的世界上第一盏节能灯。对于当今世界来说，节能已经是关乎这个星球生死存亡的事情，观众向展台经理询问：这应该是一件进入博物馆收藏的产品才对呀？展台经理回答说：正是这样，飞利浦公司为了此次参展，特意从博物馆里把这个展品借了出来。

---

# 二、举办会展相关活动的原则

## （一）要切合展会的主题

举办会展相关活动一定要与会展的主题相得益彰。会展相关活动的策划不能漫无边际，如果举办的相关活动与会展主题不相干，活动的形式脱离会展的实际，那么相关活动不仅与会展脱节，还会扰乱会展的现场秩序，甚至造成一些安全隐患。

### （二）有助于吸引目标受众

策划得当、组织完善、丰富多彩的会展相关活动对会展观众有很大的吸引力。能吸引目标受众是举办会展相关活动的重要原则。会展不能没有一定数量的参展企业和观众，有一定数量与质量的企业参展是会展赖以存在的基础，而有一定数量与质量的观众参观则是会展赖以发展的根本。举办会展相关活动一定要充分考虑到目标受众的因素。

### （三）有助于提高展会效果

企业参展的目标是多种多样的，取得经济效益也好，社会效益也好，不论参展商抱着怎样的目标，总是希望能够达到预期的目的，获得良好的展览效果。会展相关活动的策划要组织有力，秩序井然，要为人们所喜闻乐见，为获取会展总体效果服务。如果把会展比作一个大舞台的话，会展所举办的相关活动都可以看作会展大舞台上的道具，道具的设置一定是剧情发展所需要的。

## 第二节　会展相关活动的种类与策划

会展的类别不同，其主体内容也不相同。例如，展览会的主流活动是展位中的展示、宣传、营销活动，但会展相关的活动如礼宾活动（开幕式、招待酒会、领导会见等）、交流活动（技术交流、技术讲座、学术报告、经济论坛）、表演活动（产品演示、设备操作、技术表演）、贸易活动（贸易洽谈、项目介绍、合同协议、意向签约仪式）、娱乐活动（参观访问、观看文艺节目、品尝风味小吃）等也都是不可缺少的内容。

# 一、会展相关活动的种类

### （一）会议活动

会议活动是指报告会、研讨会、交流会、说明会、论坛、讲座等会议活动的统称。在展览会期间举办会议是很普遍的做法，并有普及的趋势。

会议是参展商在展出地为扩大其产品和服务的影响而采取的直接而有效的方法。会议可以吸引来自展出地市场中相关行业的许多行家、决策人物和有影响的人士，从而增强展览会的影响力和宣传力。会议内容可以介绍产品的性能、用途、使用方法，也可以探讨生产、供应、销售等各个环节。会议具有补充展览的作用。例如，在境外参展时，参展企业携带的产品可能有限，而且，国家的经济状况、贸易体系、投资法规等也是展览所不易表达的，而举办会议则可以较全面地介绍产品和有关情况。

### （二）公关活动

公关活动是指会展企业针对目标观众、媒体等受众进行的沟通活动。其目的是扩大展览会的影响，吸引更多的参展商及观众。展览的公关活动主要有开幕式、闭幕式、记者招待会、新闻发布会、签字仪式，以及宴会、舞会等。

### （三）评奖、表演活动

会展企业在展会期间还会举办一些评奖、表演类活动，以活跃现场气氛，吸引企业及观众参加展会。

评奖是一种具有宣传功能的展览活动。评奖一般由会展企业组织，参展企业参加，评审团应尽量选择有代表性的权威人士，并将所有参赛者公开，这样评选出的结果才具有说服力。一个公正、权威的比赛，也可以增加展会的品牌形象。比赛规则以及评奖方法制定出来以后，也必须及时公布，并与有意参赛的企业交换意见，做到公平、公正、公开。一般把比赛结果的揭晓日期安排在展会结束的前一天，一方面让比赛结果充满悬念，另一方面也可以让所有参与者全情投入到展会中，使展会效果更好。

策划者要组织一个公开的颁奖仪式，把公正的比赛结果正式公布出来，使得该项比赛更加具有影响力，并为获奖者颁发一个富有纪念意义的物品，如证书之类。如果活动经费允许，还可以给获奖者颁发奖金。总之，要给获奖者一些具有吸引力的奖励，这样就可以继续吸引参展者参加下次的比赛，把该项比赛作为该展会的固有活动，形成比赛品牌，从而影响展会品牌。

表演内容可以选择与展品有关的操作演示，也可以是与展品无关的表演。一件精美的刺绣品放在展台内，参观者可能熟视无睹。但是，安排一个女工或女艺人现场表演刺绣，可能就会吸引很多人，展出效果自然也会提高。当然，与展品无直接关系的表演也能吸引观众的注意。

要注意表演、比赛等活动都是公众参与性较高的活动，具有不可避免的风险，提前做好危机管理方案也是策划的关键。

### （四）促销活动

促销活动是指会展企业使用各种短期性的刺激工具，用以刺激观众或参展商参加展览会。另外，参展商也可运用促销活动聚集人气或售卖商品。

促销活动的方式多种多样，如优惠券、竞赛与抽奖、包装促销、回邮赠送、付费赠送、退费优待、零售补贴、免费样品、POP 广告等。这些方式各有其长处和特点，企业应根据不同的产品特点、不同的市场营销环境、不同的顾客心理等情况，灵活地加以选择和运用。

## 二、会展相关活动的策划

### （一）开幕式策划

无论是提倡高规格还是崇尚简单，几乎所有主办单位都会以举行开幕式的形式来宣传展览会，开幕式是展览会不可或缺的一项活动。

#### 1. 主题

展览会的开幕式应该围绕一个鲜明的主题来展开。这个主题与展览会的定位是一脉相承的。明确了开幕式的主题后，活动程序、领导发言稿和新闻通稿的撰写、表演活动等便有了基调和依据。

#### 2. 时间和地点

确定展览会开幕式的时间应遵循"三不宜"原则，即不宜过早、不宜过晚、持续时间不宜过长。因此，大部分展览会都将开幕式的时间定在早上9点左右，地点则一般选择在场馆前的广场上举行，主席台往往需要临时搭建。另外，策划开幕式的时间和地点时，主办单位还应该充分考虑到当天的天气状况，如果恰逢天气炎热或雨天，应提前通知嘉宾、媒体记者等做好相应准备。

#### 3. 开幕式的程序

展览会开幕式的基本程序有：

（1）嘉宾在休息室（可临时搭建）集中；

（2）礼仪小姐引领海内外嘉宾走向开幕式主席台就位；

（3）主持人主持开幕式并介绍到会的各位嘉宾；

（4）有关领导或嘉宾代表讲话；

（5）剪彩或开幕式表演活动；

（6）某位领导或重要嘉宾宣布展览会正式开幕；

（7）主持人宣布展览会开幕式结束；

（8）由工作人员带领，主办单位负责人陪同嘉宾进展场参观。

有时候，展览会主办单位还会在开幕当天举行欢迎晚宴或酒会，以答谢主要参展商和相关人士。

#### 4. 出席的主要嘉宾

一般情况下，展览会主办方会邀请行业主管部门的领导、行业协会的主管人员、外国驻华机构代表、专家及其他相关人士作为嘉宾出席开幕式。为此，主办单位首先应根据办展需要和开幕式安排，仔细遴选嘉宾名单；对于所有应邀嘉宾，应提前沟通并确认。此外，还要事先安排好接待、翻译、礼仪人员以及嘉宾在开幕式主席台上的位置等事宜。

#### 5. 创新

展览会尤其是品牌展览会的开幕式应该不断创新，否则很容易给人一种走过场的感觉。而且，开幕式创新的渠道很多，既可以是形式上的，也可以是内容上的，甚至是文化上的。例如，在第六届中国住交会（CIHAF）上，主办单位邀请了200多位民工作为开幕式嘉宾，增添了展览会的人文色彩，并受到了媒体的广泛关注和好评。

## （二）专题会议策划

无论是产业高峰论坛，还是专业研讨会或技术交流会等，都有共同点，如主导功能相通、筹备过程相似、组织形式灵活等。

### 1. 搜集信息

为了使会议的内容有的放矢，在准备举办会议之前，会展企业要多方搜集市场信息，对该行业作深入的研究，努力抓住行业热点问题，为确定会议主题及方案提供翔实的资料。调查工具主要有直接邮寄、室内研究、E-mail和互联网（展览会的主题网站）等。

### 2. 确定主题

会议主题一定要紧紧把握时代脉搏，能切实反映该行业某一领域发展动态。会议主题是会议的灵魂，一个好的主题能对会议潜在的听众产生强大的号召力；相反，如果会议主题不能被会议潜在的听众所接受，会议将会名存实亡。

对于展览会而言，鲜明的会议主题必须符合以下标准：

（1）与展览会主题相呼应，并能面向目标听众（主要指参展商和专业观众），有针对性；

（2）反映行业发展的现状与趋势，有前瞻性；

（3）能抓住行业发展的热点和难点问题，有现实性；

（4）对与会者是难得的教育和培训机会，有实用性。

### 3. 筹备方案

会议方案是有关会议召开的具体实施计划，其主要内容包括：

（1）会议的基本情况，如名称、时间、地点和规模等；

（2）会议的议程和举办形式，会议的目标听众；

（3）演讲嘉宾的遴选和邀请；

（4）会议相关资料的准备；

（5）会议招徕；

（6）会议接待安排；

（7）会议召开；

（8）现场调查、茶歇等活动安排；

（9）会议总结；

（10）会议赞助；

（11）会议预算。

会展企业要组织一个高水平的会议，会议实施计划一定要做到详尽周密、高效协作。

### 4. 邀请主讲

会议主讲嘉宾对会议的作用非常重要。会展企业必须花费一定的精力来邀请有名望的主讲嘉宾到会。一般而言，对国外的主讲嘉宾，要提前半年预约，并协助其做好签证、机票（有时可由主办单位购买后邮寄给演讲人）等相关准备；对国内的主讲嘉宾则至少要提前两个月发出邀请，以便其早做准备。另外，要妥善安排主讲嘉宾的吃、住、行，对于一些重要的主讲嘉宾，要安排专人陪同。如果演讲者或听众中有不同语言者，还要配备翻译人员，如有可能，可让翻译人员提前了解一些演讲的内容，以便其在现场更好地翻译。

### 5. 会议召开

当会议召开日期临近时，会展企业要妥善安排和布置会场，以迎接会议的召开。会展企业要落实会议召开的场地以及场地中电源、音响、投影仪、录音录像等相关设备，并有后备的电源、音响等；要安排好会议现场的工作人员和技术设备维护人员，落实服务人员以及茶水的供应，保障会议现场的光电、温度和通风处于正常状态；制订会场纪律；组织专业人员对会议现场进行安全检查，疏通通道，开启安全门。以上各项准备工作就绪以后，就可以按照会议议程举行会议了。

### 6. 会后总结

会议结束后，工作小组还有很多善后工作要完成。首先，进行现场或会后跟踪，以搜集观众对会议安排及服务的意见和建议，从而为增强下一届会议的吸引力和改进服务质量提供依据。其次，感谢演讲嘉宾和与会者，如给演讲人发感谢信、给与会者邮寄展览会的相关总结材料等。最后，工作小组自身也要进行全面、认真的总结和评估，以便把下一届会议办得更好。

### 7. 会议危机管理方案

会议策划应有危机管理方案，以便出现突发危机事件时有应对办法。会议危机管理方案包括两部分的内容：一是针对突发事件的管理方案；二是会议备用方案，以便原会议策划方案因故不能全部或部分实施时使用。

### 8. 会议预算与赞助办法

召开会议需要邀请一些国内外著名的专家、学者、企业领导人或者是行业主管部门的官员到会演讲，还要租用会议场地，进行适当的会议现场布置，这些都需要一定的费用。对于会议所需要的各项费用，会展企业要事先做好预算，对各项费用的开支要心里有底，并安排必要的资金，以使会议成功召开。会展企业可以采用三种方式来筹集所需资金：一是可以从展会收入中拨出一部分作为会议筹备资金，做到"以展养会，以会促展"；二是可以向与会人员收取一定的会务费用；三是可以寻求企业赞助。由于与会人员都是一些行内人士，如果会议举办出色，影响较大，很多企业是愿意赞助会议的。企业对会议的赞助可以有多种形式，如转让会议的冠名权、允许企业在会议的某些特定地方做广告、允许赞助企业在会议期间做简短发言以介绍自己的企业、让企业赞助会议现场使用设备等。

【同步案例】

# 法兰克福书展

2009 年法兰克福书展，中国作为主宾国参加。

书展期间，中国领导人出席了 4 场重要的主宾国活动，分别是：法兰克福书展开幕式、中国主宾国开幕式、中国主宾国开幕演出、中国主宾国与下届主宾国的交接仪式。

除此之外，主宾国组织承办方还主办了 15 场重要的出版专业交流活动，中国各个参展的出版单位结合本单位的业务特点，组织了百余场专业交流活动。

1. 高端论坛（1 场）

时间：2009 年 10 月 13 日 10：00—12：00。

地点：展馆附近酒店会议室。

内容：借主宾国活动的契机，由中国出版单位牵头，同时联合三家国外著名出版机构举办一场专业化的国际高端论坛。论坛历时 2 小时，中、德两国政府提供支持。论坛围绕"中国出版业与世界交流合作"的主题展开。

2. 中型研讨会（5 场）

（1）文学出版的今天与未来。

（2）中国出版业的新变化暨中国出版产业报告专题研讨会。

（3）"文学与女性关怀"——三国原创女作家座谈会。

（4）科技出版的数字化发展与问题应对。

（5）"爱、成长与教育"——中、外儿童文学创作主题交流会。

3. 专题会议（4 场）

（1）中外翻译资助项目推介交流会。

（2）中文图书版权购买 3 个常见问题。

（3）汉语学习方法之我见。

（4）中国设计艺术图书国际合作出版研讨会。

4. 主题招待会（5 场）

（1）中国主宾国招待酒会。

时间：2009 年 10 月 14 日 20：00—22：00。

地点：展馆附近五星酒店。

（2）中国之夜。

时间：2009 年 10 月 15 日 20：00—22：00。

地点：法兰克福市贝特曼公园内的中国园。

（3）中国文学之夜。

时间：10月16日20：00—22：00。

地点：法兰克福古城堡。

（4）欢乐中国风。

时间：10月17日20：00—23：00。

地点：法兰克福某车库。

（5）中国主宾国答谢晚宴。

时间：10月18日19：00—21：00。

地点：法兰克福市某餐厅。

5. 作家学者交流活动

作家学者交流活动是主宾国活动的"重头戏"，作家学者交流活动共分3个阶段。

（1）莱比锡书展期间的作家交流活动。

（2）中国作家德国朗读之旅。从4月到10月，20位中国作家在德国不同城市的不同文化场所举行演讲、作品朗读等活动，为10月份的书展预热。

（3）法兰克福书展期间的作家活动。10月14日—18日的法兰克福书展期间，20位中国当代著名作家来到法兰克福书展现场，举办一系列文化活动。

活动时间：2009年10月14日—18日。

活动地点：法兰克福书展及法兰克福市各文化场所。

活动数量：35场左右。

作家名单（20位）：铁凝、王蒙、莫言、余华、阿来、李敬泽、李洱、刘震云、李师江、田耳、于丹、杨红樱、苏童、于坚、欧阳江河、黄土路、张洁、赵鑫珊、裴胜利、李清华。

6. 文化演出活动

（1）书展广场文化表演。

时间：2009年10月14日—18日。

地点：法兰克福展览中心广场。

内容：在书展5天时间里，广场演出充分展示中国民族艺术元素，举行了10场特色演出，分别是：中国武术的魅力、少林风采、川剧艺术表演、中国提线木偶表演、抖空竹、传统杂技表演、少数民族舞蹈表演、民俗舞蹈表演、魔术表演、风筝表演。

（2）中国非物质文化遗产艺术展演。

时间：10月14日—18日。

地点：法兰克福展览中心广场。

形式：现场表演＋摊位展览。

内容：在书展广场，通过摊位展览民间艺术品的形式，向世界特别是欧洲国家的人民展览展示中国的非物质文化遗产，并由手工艺术家进行现场制作表演。如老北京风俗泥塑、贵州苗族蜡染、杨柳青年画、陕西木版年画、中阳剪纸、唐山皮影等。

（3）艺术展览。

本次 8 个展览活动，由中图公司统筹，依据展览内容与相应的资源优势，分由不同单位承办，具体展览内容如下：中国电影展、中国连环画精品及名家手稿展、中国当代建筑图片展、中国传统木版水印展、中国传统宣传画展、"百年传情"——中国百姓家庭照片展、中国风光图片展、中国传统剪纸展。

请思考：2009 年法兰克福书展中国主宾国相关活动策划有什么特色？从举办会展相关活动的原则角度分析 2009 年法兰克福书展中国主宾国相关活动策划的实施效果。

# 第三节　会展旅游活动策划

## 一、会展旅游的概念

一般认为，会展旅游的概念有广义和狭义之分。广义的概念是把会议、展览作为旅游活动的一种特殊类型；狭义的概念是指会议、展览之余所伴随的观光、休闲活动。本书所说的会展旅游活动是指狭义的概念。

确切地说，会展旅游是为会议和展览活动提供会场之外的且与旅游业相关的服务并从中获取一定收益的经济活动。

会展旅游主要有两方面的目的：一是商务考察，二是观光休闲。

### （一）商务考察

所谓商务考察，就是以收集有关商品的市场信息，了解有关市场行情为主要目的的商务活动。据调查，参加展会的参展商和观众有90％以上是商务人士，这些商务人士对展会的贸易、展示、信息和发布的四大功能的需求各不相同。如果参展商和观众觉得在展会上获取的东西还未达到他参加此次展会的全部目的，那么，他就有亲自去市场看一看的愿望，商务考察的需求就产生了。

参展商和观众进行商务考察的主要目的是收集市场信息和了解市场行情，一般来说，商务考察活动安排在展会前或展会中为宜。

### （二）观光休闲

以观光休闲为主要目的的会展旅游主要集中在会展结束之后，在展会前和展会中比较少见。这种会展旅游主要是为了在游览风景名胜古迹等旅游景点的过程中放松身心，增长见识。观光休闲可以说是展会的一种延伸，尤其是在一些国际性的展会中，有许多参展商和观众来自不同的国家、地区，他们对当地的风土人情可能是有所耳闻但没有目睹，展会结束后的观光休闲活动恰好迎合了他们的心理需求。

随着我国会展经济的发展，会议和展览旅游活动迅速发展。目前我国作为举办国际会议、展览旅游的目的地已逐渐被人们了解，在亚洲乃至世界上已具备了一定的知名度，并形成了一些会展旅游中心城市。

会展中心分为地区性会展旅游中心、全国性会展旅游中心和国际性会展旅游中心。目前我国尚未形成国际性会展旅游中心，北京、上海、广州已成为公认的全国性会展旅游中心。地区性会展旅游中心其辐射范围仅限于城市的周边地区，体现为某一特定产业服务功能，如大连服装展、珠海的航空展、哈尔滨的边境地方经济贸易洽谈会等。

## 二、会展旅游活动策划

### （一）策划项目及线路

一般来说，策划会展旅游项目及线路要考虑以下几方面：

首先，切合会展主题。参观、考察、游览的项目要尽可能与会展活动的目标和主题相适应。如召开展览搭建方面的专题研讨会应该组织参观知名的展示材料生产工厂、基地等地方。

其次，照顾对象的兴趣。参加旅游的对象可能会有不同的兴趣和要求，在进行会展旅游项目及线路策划时应当充分考虑到，要尽可能地安排大部分参加对象感兴趣的项目。

再次，接待能力。要考虑参观、考察、旅游的当地是否具有足够的接待能力。如果接待能力有问题，则应改变或取消该项活动，以免效果不好，事倍功半。

最后，内外有别。有的项目不宜组织外国人参观游览，有的项目参观时有一定的限制要求，策划安排时应了解有关规定，做到内外有别，注意做好保密工作。有些项目则需要报经有关部门批准。

### （二）安排落实

会展旅游项目确定之后，应及时与接待单位取得联系，以保证会展旅游项目的顺利实施。制订详细计划，安排参观游览的线路、具体日程和时间表，并明确告知参加对象，让他们做好思想准备和物质准备。大型会展活动安排应当在会议通知、邀请函中加以说明，并列明各条观光项目和线路的报价，以便参加对象选择。落实好车辆，安排好食宿。安排车辆时，细到座位数都必须考虑到，细节决定成败。准备必要的资金和物品，如摄像机、摄影机、对讲机、团队标志、卫生急救药品等。人数较多时应事先编组并确定组长，明确责任。旅游项目也可委托旅行社实施，但必须选择信誉好、价格合理的旅行社，并签订合同。

## （三）陪同

组织会展旅游项目一般应当派有相当身份的领导人陪同。除必要的工作人员外，其他陪同人员不宜过多。每到一处，被考察、参观单位应派有一定身份的领导人出面接待欢迎并做概况介绍。游览名胜一定要配备导游。若陪同外宾参观游览，则还应配备翻译人员。

## （四）介绍情况

每参观游览一处，应由解说员或导游人员做具体解说和介绍。介绍情况时，数字、材料要确切。向外宾介绍情况时，要避开敏感的政治、宗教问题，保密内容不能介绍。对外宾不宜用"汇报""请示""指示""指导""检查工作"等词语。

## （五）摄影

为扩大宣传或为以后的会展活动留下珍贵的历史资料，会展旅游活动的主办方应注意影像资料的收集。遇到不让摄影的项目或场所，应当事先向客人说明，现场应竖有"禁止摄影"的标志。

## （六）安全

参观游览，安全第一。如参观施工现场、实验室等要事先宣布注意事项，如在有一定危险的旅游景区游览，一定要告知每一个参加者，确保安全。每到一处参观旅游，开车前要仔细清点人数，避免遗漏。

## 【复习思考题】

1. 举办会展相关活动有哪些作用？
2. 举办会展相关活动应遵循哪些原则？
3. 简述开幕式策划的注意事项。

**【案例分析】**

## 难忘的开幕式——"厨房"辩论

1959 年，美国住房展览会在莫斯科举行，时逢尼克松访问苏联，他主持了展览会开幕式等重要活动。赫鲁晓夫也参加了开幕式。展览会展示了美国家庭的卧室、客厅、书房、厨房……苏联人民头一次目睹美国现代家庭生活设施。这次展览会在国际上很轰动，但并不是因为展品，而是因为尼克松和赫鲁晓夫当众在厨房展览室进行的"厨房辩论"。东西方两位领导人就社会主义和资本主义的优劣展开激烈辩论。或许当初组织者并未意识到要利用国家领导人出席来提高展览会的知名度，但多年后的今天，人们仍然对这次展览会记忆犹新，并且津津乐道。

**分析题：**

1. 为什么人们会对这次展览念念不忘？
2. 开幕式活动给展览会带来了什么？

# 第 九 章

## 会展预算与效果评估

### 本章导读

本章将围绕会展预算和效果评估的核心问题开展学习。在会展活动中，预算和效果评估的地位和作用非常重要，关系到会展活动成功与否。会展的各项费用，根据是否随具体情况变化，可分为固定费用和可变费用。固定费用不随参展人数变动，即使实际效益少于预期收益时也不变。如印刷和邮寄宣传资料的费用、场馆租用的费用等。可变费用会根据出席人数或其他因素的变化而变化。会展评估是会展工作的重要组成部分，一般包括对会展前台工作和后天工作的评估。评估后天工作主要是对会展环境以及会展筹备工作和组织工作进行评估，在会展结束时完成。评估前台工作主要是对会展人员工作的工作水平和会展效果进行评估，需要在会展结束时以及后续时间跟踪调查评估。

### 【学习目标】

1. 掌握会展预算的制定过程和具体内容。

2. 能根据实际情况拟定合理的会展预算方案。

3. 在会展评估阶段，能根据合理的评估标准对会展进行科学的评估，确保会展的质量和效率。

### 【导入案例】

#### 杭州参展成本调查

2006 年之前，杭州某展览公司一个国际标准摊位对外报价：内宾 5000 元，外宾平均 2000 美元左右。其所带来的外地客商约 10 人（展商 2 人，参观商 8 人），平均每人在杭停留时间内宾为 2 天，展商为 6 天。

据此，内宾参展的一个标准展位消费金额为 16320 元，外宾参展的一个标准展位消费为 69720 元，一个摊位的相关消费为 2550 元。具体项目见表 9 - 1。

表 9 - 1　杭州某展览公司国际标准摊位报价（2006 年）

| 内宾消费 | 一个摊位消费金额为 16320 元，其中：<br>住店：250/（人·天）×（8×2）=4000 元<br>餐饮（包括客户宴请）：100 元/（人·天）×（8×2）=1600 元<br>交通（市内交通 50 元/（人·天）×16）+（返程交通 800×8 人）=7200 元<br>购物礼品：100 元/（人·天）×（8×2）=1600 元<br>游览：30 元/（人·天）×（8×2）=480 元<br>文化娱乐：60 元/（人·天）×（8×2）=960 元<br>医疗保健：15 元/（人·天）×（8×2）=240 元<br>其他服务（洗衣、理发、美容、照相、修理等）：15 元/（人·天）×（8×2）=240 元 |
|---|---|
| 外宾消费 | 一个外宾消费额为 8400×8.3 = 69720，其中：<br>住店 + 餐饮 + 交通消费：平均 400 美元/（人·天）×（6×2）=4800 美元<br>购物礼品消费：平均 400 美元/（人·天）×（6×2）=2400<br>杂费：100 美元/（人·天）×（6×2）=1200 美元 |
| 相关消费 | 一个标准摊位的相关费用为 2650 元，其中：<br>物流费用：运输 300 元、仓储 100 元、邮政 50 元、展位特装修 500 元、展览器材 100 元，总计：1050 元。<br>展商与参展商费银行费用：100 元<br>展商与参展商信息费用：广告 500 元、咨询 200 元、书报出版物 100 元、通信 600 元，总计 1500 元 |

　　会展是经济、技术、文化的交流活动，对社会有方方面面的影响。但归根结底，会展是一种营销活动，无论是会展主办方还是参展商，其举办会展或者参加会展的根本目的是获取收益。其中，经济效益是一个重要的组成部分，而且比较容易量化。经济效益能否实现，是衡量会展成功与否的重要标志之一。

　　**请思考：**会展预算对会展成功举办有何意义？

# 第一节 会展预算

要实现办展或参展的经济效益，必须从会展筹划开始，制订一个合理的会展预算，并在会展过程中，严格按照预算进行操作，只有这样，才能保证参与会展的各方获得预期的经济效益。

## 一、制订会展预算的过程

会展预算是会展前期管理的一部分，必须结合办展（参展）具体目标，有计划、有步骤地进行。

第一步，明确办展（参展）的具体目标。如实现成交额5亿美元，参观人数达1万人，树立参展企业的形象，等等。在明确具体目标的基础上，才能着手制订会展预算，只有能实现会展目标的预算才是合理的、成功的预算。

第二步，收集信息。有三类信息需要收集：过去的预算数据、会展所需商品的最新价格信息、通货膨胀的相关信息。其中，要注意通货膨胀的信息，因为预算制订离会展正式举办有一定的时间间隔，对可能的物价上涨做未雨绸缪的准备，可以保证会展经费充足。

第三步，拟订预算。在以上三类信息的基础上，对需要支出的各种费用和可能取得的各项收入进行详细的列表分析（见表9-2），根据总预算做必要的调整，可以制订出相对精确的预算，来指导会展工作。

表9-2　会展支出预算

| 支出项目 ＼ 季度 | 一 | 二 | 三 | 四 | 全年 |
|---|---|---|---|---|---|
| 营销费用 | | | | | |
| 会议展览场地租赁费 | | | | | |
| 会展项目管理费 | | | | | |
| 提供各项服务费 | | | | | |
| 其他费用 | | | | | |
| 费用总计 | | | | | |

第四步，公布预算，征求意见。预算草案形成后，要征求各方的意见，有几个原则要注意：一是选定一个人负责全部直接开支，明确费用标准和使用的权限及范围，交代清楚展出目标和预算额，向全体筹备人员说明；二是不轻易改变授权，也不轻易改变被

授权人的决定；三是不要保密，要将预算限额告知有关的人员，包括外部的承包商。参考各方的意见，可以使预算更加合理。

第五步，修正预算。预算是通过估计制定的，难以保证准确，需要不断地调整。耗资巨大的会展，其预算每个月至少要检查一次，发现问题就及时调整，使之符合实际情况和需要。必须说明的是，改变预算是很正常的，但改变应有充分的理由。如果理由成立，即使会造成额外的开支，甚至损失，都要坚决改变。最好的方法是仔细调研、认真核算、周密安排。要注意的是，改变预算的时间离会展开幕日期越近，可能产生的额外费用就越高。

## 二、会展预算的具体内容

会展的各项费用，根据是否随具体情况变化，可分为固定费用和可变费用。固定费用不随参展人数变动，即使实际效益少于预期收益时也不变，如印刷和邮寄宣传资料的费用、场馆租用的费用等。可变费用会根据出席人数或其他因素的变化而变化。餐饮费是典型的可变费用，实际支出的餐饮费取决于实际到会的人数。

展览费用按照是否直接进入预算，可以分为直接费用和间接费用。直接费用是指为筹备展览直接开支的费用，各个展览项目之间会有比较大的差异。展览直接费用由展览项目有关人员负责管理，属于展览项目工作的一部分。展览的间接费用是指为筹备会议花费的人力、时间以及从其他预算中开支的费用。有些会展的预算中，间接费用不计入预算。

根据制定预算的主体不同，可分为组织者预算和参展商预算两类。下面将分别对这两类预算的内容进行具体分析。

### （一）组织者预算

会展的内容和层次不同，其办展主题参差不齐，预算的内容、范围和支出总额有天壤之别。如奥运会、世博会的主办者是一个国家，需要举国参与，投资以亿计；而一个产品推介会的主办者只是单个企业，花费可以不足万元。基于会展的复杂性，只能针对各类会展的共性，即举办不同类型会展所共同关注的项目进行预算分析。

#### 1. 会展费用

会展界一般将展览费用分为四大类，如表9-3所示，并根据不同特点、标准，提出分配比例和备用比例。

表9-3  会展费用的分类

| 类别 | 用途 |
| --- | --- |
| 设计施工费（也称作展台费用） | 包括设计、施工、场地租用、展架租用或制作及搭建和拆除、展具制作和租用、电源连接及用电、电器设备租用及安装、展品布置、图文设计制作及安装等。这部分费用占总预算的35%～70% |

续表

| 类别 | 用途 |
|------|------|
| 展品运输费用 | 包括展品的制作或购买、包装、运输、装卸、仓储、保险等。因距离远近、展品多少不同，这部分费用占总预算的10%～20% |
| 宣传公关费用 | 包括宣传、新闻、广告、公共关系、联络、编印资料、录像。这部分费用占总预算的10%～30%，其收缩性较大。有些展出者在宣传、广告、公关、编印资料等方面有专门的预算，展览宣传等工作是整体宣传工作的一部分，在这种情况下这类开支项目可以列为间接开支项目 |
| 行政后勤类费用（也称作人员费用） | 包括人员的交通、膳食、住宿、长期职工的补贴、人员培训、人员制服、临时雇员工资等方面的支出。这部分费用占总预算的10%～20% |

作为会展的组织者，会展场地租用和人员的住宿问题是一项重要的开支，在预算时要注意以下问题：会展地点收费如何计算？是否有淡季折扣？工作日和双休日是否有区别？是否需要押金？哪些是附加收费？哪些费用可以延期支付？客房的价格是否稳定？是否有免费使用的房间？会展预订的宾馆对迟到的客人如何安置？会展地点接受哪些货币？能否用信用卡消费？会展场地是否可以预订？是否要求保险？

会展费用可以参照展览方案分类逐项安排。预算要列明开支项目、预算额、实际开支额。为了说明特殊情况，可以添加一个备注栏。为了精确控制，有的预算者还列出预算额和实际开支额比例，这两种比例对以后做预算有很大的参考价值。

细致周密的预算可以提高工作质量和效益，也可以作为评估的重要标准。成功的会展往往继续举办，因此每次预算都将作为重要的历史资料，成为以后会展举办的参照样本。

**2. 会展收益**

会展的组织者除了对会展的支出项目进行规划，还应该仔细审视收益项目。

收益项目的来源比较简单，主要有以下几项：

（1）拨款。这是一种最简单的收益来源。

（2）参展商注册费。这类收费额需经过细致精确的计算，保证能够冲抵组织者在展场预订、行政及后勤等项目上的支出。否则，参展摊位越多，组织者亏损额越大。

（3）门票收入。门票不仅能为组织者带来收入，更是一项衡量会展影响力的重要指标。在确定门票金额时，应主要考虑参观者的接受程度。门票价格的确定以达到预期的观众数量为基本原则。

（4）出售展品、纪念品的收入。对于文化商品交流类的展会，展品、纪念品的销售是组织者的重要收入来源。所出售的展品和纪念品要保证质量，其价格要与会展本身的地位协调一致，过高的价格影响销售量，过低的价格则有损会展的品位。

（5）广告、赞助。这是会展重要的收入来源。如奥运会的主要收入之一是企业的赞助和广告。会展计划的重要内容之一，就是通过各种渠道使相关企业提前了解会展情况，鼓励其参展，对著名企业要特别关注，以争取他们对会展赞助和在会展中投放广告。

### （二）参展商预算

#### 1. 基本预算项目

基本预算项目主要包括以下内容：

（1）照明电源及其他服务。组织者一般会指定电气承包商安装、出租电器设备。如果企业经常参展，可以考虑自己买设备，只是增加了运输费、安装费，且电费仍需要支付。设备操作示范用水、煤气、压缩空气等，要事先了解清楚有无供应，以及价格如何。

（2）展架、展具、地毯。展架、展具可以租用，经常参展的企业也可以自己购买。地毯最好租用，或者买最便宜的地毯，会展结束后丢弃。

（3）电话。租用电话可以方便企业进行联络，提高工作效率，也可提供给潜在顾客使用，有助于提高参展效果。

（4）文图、道具、办公用品。企业需要为展台专门制作文字、图表，这是必要的开支。企业演示用的道具及办公用品，由于租用价格贵，自备为佳。

（5）展览资料。会展资料中包括公司介绍、产品介绍、报价单等内容，有的项目可能印在整个会展的会刊上，但详细的产品信息和报价，公司应该专门印制。

（6）展台清洁。一般清洁费包括在场地租金内，如果不包括，清洁费也不会太高。如果展台面积不大，可以在晚上闭幕以后自己清扫或雇用别人，不要忘记展品的清洁和保养。

（7）联络、差旅、工作人员食宿及补贴。在决定参展前进行实地考察有利于做好设计、宣传、运输工作。展台人员的食宿要尽早与组织方联系，以争取折扣。因为在会展期间，参展企业和参观者很多，客房、餐费都可能上涨，预定可以降低成本，避免出现问题。

（8）展品运输和保险。参展企业可以自己运输产品，但如果展品多，最好由专业的物流公司安排。展品运输的时间要计算好，太早或太迟都会导致额外开支，保证开会时展品到齐是最基本的要求。展品要注意小心包装、搬运，尤其是反复使用的展具、办公用品更要注意。参展企业都必须办理保险。有的公司只需要办理手续，将保险从正常经营范围扩大到展览项目、参展人员和展品上，不需要另外付费。如果保险费需要另付，可以从组织者推荐的公司中选择。

（9）接待客户。通常展台尤其是大展台要给坐下来洽谈的客户提供饮料，甚至正餐。企业要与组织者实现联系，为展台配备冰箱、茶具等设备，或者提供临时的会客场所。如果公司距离展场近，可以使用自己的设备，或者租用场地设备。

### 2. 强化项目

在考虑基本项目的基础上，为了保证参展商获得满意的参展效果，还需要强化一些预算项目。

（1）坚持进行效果评估。会展连年举办，参展商对参展效果的评估也需要每年坚持进行。效果评估的费用即使在经济形势严峻的情况下也不能减免。参展之后，应该跟踪特定时期销售额的变化，掌握各个展会的投资回报率。中断跟踪评测，会展数据失去连续性，将影响数据的可比性，得不偿失。

（2）举办客户联谊会的费用不能减。很多正规公司在参展期间或前后，都会举行一个面对面的交流会，参观人员包括客户代表、公司管理层和销售市场部门负责人。集中约见客户的回报率是相当高的。客户联谊会的费用，与其巨大的回报相比，性价比绝佳。

（3）现场演示的费用要保证。参展商向参观者展示产品的方式有很多，但能给参观者"身临其境"感觉的是现场产品演示。对于潜在顾客而言，当场试用更能刺激其购买欲望。因此，现场演示上的投入要保证。

（4）必要的公关资料要保留。参展商在展会期间的传统性的招待会或赞助活动要保留，这一方面是加强与客户交流的重要手段，另一方面也能为企业带来持久不变的良好信誉，树立企业一贯坚持的形象。

### 3. 成本控制项目

参展商不仅需要全面考虑各项支出，还应该学会控制预算。下面介绍一些控制预算、降低成本的方法。

（1）尽早行动。尽早预订公司的展台，尽早设计、运输和搭建展台，尽早预订客房和餐饮。尽早行动可以帮助节省费用。

（2）合并运输。如果公司有多个部门有外地展览事宜，可以将所有部门的会展设备清单合并在一起，这样公司可以对所有的物品进行协调、统一运输。

（3）协商获得更好的价格。首先要了解展馆价格的详细信息，然后可以向组织者直接提出价格协商要求。更好的价格永远都需要进一步商谈。

（4）减少或停止派发宣传资料。如果公司的产品变动频繁，更新宣传资料的费用将是一笔巨大的开支。可以用商业明信片代替宣传册，在明信片上印刷公司的网址及电话号码，这不仅节省了印刷成本，还减少了印刷品运输的费用。在互联网运用日益普及的今天，这种做法将得到更多公司的认可。

（5）取消赠送样品。在会展上追逐免费样品的人，可能并不是公司的目标客户。

（6）节约展位装饰投入。有的公司喜欢租用一些花草树木来装饰展位，实际上，大的参展商每年在这项服务上节省开支，并不会影响展台的品位。

（7）控制电话数量。移动通信设备的普及，使参展商在展位上与外界沟通不再依赖固定电话，可以节省安装电话的费用，同时，不必要的长途通话费也得到了控制。

（8）减少触摸屏等检索设备的使用。如果公司已有的印刷品和多媒体宣传手段，能使参观者在短时间内获取足够的信息，不至于使他们长时间等待，那就没必要安装太多的信息检索设备。

# 第二节　会展评估

会展评估是指对会展环境、会展工作和会展效果进行系统、深入的评价。

会展评估是会展工作的重要组成部分，一般包括对会展前台工作和后天工作的评估。评估后天工作主要是对会展环境以及会展筹备工作和组织工作进行评估，在会展结束时完成。评估前台工作主要是对会展人员工作的工作水平和会展效果进行评估，需要在会展结束时以及后续时间跟踪调查评估。

## 一、会展评估的程序

会展评估是一项复杂的工作，必须按照一定的程序科学进行。会展评估与其他营销活动的评估是类似的，即按照一定标准，对统计数据和观察资料进行分析和研究，最后得出判断和结论。因此，会展评估一般按照选择标准、收集信息、统计分析、得出结论的程序进行运作。

### （一）选择标准

即选定一个评估方案，方案中有一系列的评价指标，且每一个指标根据重要性有不同的分值（权数）。评估标准直接决定评估的结果，对评估标准的要求是权威、客观、明确、具体。

权威是指评估标准必须为主办者、参展商及会展主管部门认可，否则难以保证评估结果为各方接受。

客观是指评估标准要符合客观实际，不至于过高或者过低。因为评估标准对会展主办者有较强的引导作用，合理的标准可以促进会展业的发展又不至于造成消费。

明确是指评估指标必须清楚，说明评估工作的进行方法。

具体是指评估标准必须易量化、可操作性强，能有效减少评分时的主观随意性。

### （二）收集信息

收集信息是会展评估工作中最耗费时间和精力的步骤。收集信息的主要方法有收集历史资料、现场观察记录、问卷调查、会议座谈等。这些方法可以从定性和定量两方面获取信息，而问卷调查是最常用的方式。

#### 1. 收集历史资料

历史资料主要有历届会展的统计资料、竞争对手的资料、报刊的相关报道及专业和内部媒体的评估资料等。

### 2. 现场观察记录

在会展进行过程中，需要组织评估人员对工作项目、工作环节、工作结果等方面进行记录。现场观察记录，可以得到诸如参观者数量、交通密度、意向成交金额等重要的评估数据。

### 3. 问卷调查

会展评估中使用的调查问卷主要包括参观者问卷和参展商问卷。参观者问卷用于了解参观者的基本情况及其对会展效果的评价。其中，由主办者发送的参观者问卷目的在于了解会展整体效果。参展商问卷重在了解参展商对会展服务的反馈意见及其对会展效果的评价。问卷调查工作通常用概率抽样的方式进行，可以委托专业的市场调查公司完成。

---

**【相关链接】**

调查问卷的方式也是多样的，下面是一份参观调查表：

1. 您参观过哪届本展览会？

(1) 2005　　(2) 2007　　(3) 2009　　(4) 2011

(5) 2013　　(6) 本届

2. 本届展览会期间，您参观了几天？

(1) 1 天　　(2) 2 天　　(3) 3 天　　(4) 4 天　　(5) 每天

3. 您平均每天参观几小时？

(1) 1 小时　　(2) 2 小时　　(3) 4 小时　　(4) 6 小时　　(5) 全天

4. 您参观了哪几个馆？

(1) 全部　　(2) A 馆　　(3) B 馆　　(4) C 馆　　(5) D 馆

5. 您来展览会的路程有多远？

(1) 1 千米　　(2) 5 千米　　(3) 10 千米　　(4) 20 千米　　(5) 50 千米以上

6. 您从何途径知道本展览会？

(1) 直接发函　(2) 报刊广告　(3) 新闻报道　(4) 内部刊物　(5) 别人告知

7. 展台吸引你注意的原因是什么？

(1) 展台设计　(2) 产品　　(3) 展台人员　(4) 资料　　(5) 其他

8. 您想购买的产品是哪些？

(1) 产品 A　　(2) 产品 B　　(3) 产品 C　　(4) 产品 D　　(5) 其他

9. 您在公司购买过程中起的作用是什么？

(1) 决定　　(2) 参与　　(3) 建议　　(4) 不参与

10. 您参观过其他同类展览会吗？

请列举：

11. 本展览会下一届将在某年某月某地举办，您是否将参观？

（1）是　　　　　　（2）否　　　　　　（3）未确定

12. 您对展台设计有何意见、建议？

13. 您对展台人员表现有何建议、意见？

14. 您对展品有何意见、建议？

15. 参观者姓名：

16. 参观者职务：

17. 您所在公司的经营性质：

（1）制造　　　　（2）进出口　　　（3）批发　　　　（4）零售　　　（5）经销

18. 公司经营范围：

19. 公司成立时间：

20. 公司雇员人数：

（1）1～9　　　　（2）10～49　　　（3）50～99　　　（4）100～499

（5）500～999　　（6）1000以上

21. 参观目的：

（1）收集信息　　（2）寻找代理　　（3）寻找新货源（4）订货

22. 您经常阅读的专业报刊是：

（1）报纸 A　　　（2）报纸 B　　　（3）报纸 C　　　（4）期刊 A

（5）期刊 B　　　（6）期刊 C

填写日期：

签字：

#### 4. 会议座谈

会展期间可以组织各种规模的会议，邀请政府部门、商会、行业协会、展览会的专业人士参与座谈，收集专业人士的见解和评价。

### （三）统计分析

会展评估中的统计分析是将所收集到的数据资料统计整理成系统化的、条理清晰的材料，根据所选定的评估方案的标准进行评分，并分析存在的问题及其原因。进行统计分析，容易得到如潜在顾客数、签订合同金额等指标，但是要得到市场状况、趋势、竞争对手情况则还需要结合其他手段来分析。在统计过程中，要合理运用各种统计工具，也可以委托专业的市场调查公司来处理统计分析工作。

### （四）评估结果

会展评估结果是反映会展情况的一系列数字、比例和陈述，通常按照会展评估方案的要求提交。

在会展评估的过程中，需要特别注意两点：第一，会展评估要有权威的评估方。评估方必须以中立的身份主持评估工作，做到公平、公正，通常会考虑由政府主管部门或行业协会开展评估活动。第二，要在评估工作开展之前制订合理的工作计划，特别要保证人力和物力的投入。

# 二、我国会展评估指标体系

目前，国家已出台官方的评估文件，各地方也陆续出台或正在酝酿会展业的行业标准。

## （一）国家官方评估文件

国家经济贸易委员会于 2002 年 12 月 2 日批准，自 2003 年 3 月 1 日起实施的商业行业标准——《专业性展览会等级的划分及评定》，是我国展览业的第一个行业标准。该标准规定了对专业性展览会等级划分和评定的原则、要求和方法，适用于在中国境内举办的以经济贸易活动为目的的专业性展览会的等级划分及评定。

标准规定了专业性展会等级评定的主要构成要素：展览面积、参展商、观众、展览的连续性、参展商满意率和相关活动。同时，在附加项中，对展会主办方、承办方、展馆方等展览业涉及的各类组织，提出了质量管理标准。专业性展览会等级划分及评定标准见表 9 - 4。

表 9 - 4 专业性展览会等级的划分及评定标准

| A.1 评分说明 | | | |
|---|---|---|---|
| A.1.1 本标准满分为 720 分 | | | |
| A.1.2 各等级应达到的最低分数 | | | |
| A 级：546 分 | | | |
| B 级：420 分 | | | |
| C 级：216 分 | | | |
| D 级：108 分 | | | |
| A.2 评分标准 | 各大项的得分汇总栏 | 各分项的得分汇总栏 | 计分栏 |
| A.2.1 展出净面积及特殊装修展位面积比 | 150 | | |
| A.2.1.1 展出净面积不少于 15000 平方米 | | 75 | 75 |
| 展出净面积不少于 10000 平方米 | | | 65 |
| 展出净面积不少于 5000 平方米 | | | 50 |
| 展出净面积不少于 3000 平方米 | | | 35 |
| 展出净面积不少于 2000 平方米 | | | 20 |
| 展出净面积不少于 1000 平方米 | | | 10 |

| | | | |
|---|---|---|---|
| A.2.1.2 特殊装修展位面积比不少于30% | | 75 | 75 |
| 特殊装修展位面积比不少于20% | | | 55 |
| 特殊装修展位面积比不少于10% | | | 35 |
| 特殊装修展位面积比不少于5% | | | 15 |
| A.2.2 参展商 | 70 | | |
| 境外参展商展位面积与展出净面积的比值不少于40% | | 70 | 70 |
| 境外参展商展位面积与展出净面积的比值不少于30% | | | 55 |
| 境外参展商展位面积与展出净面积的比值不少于20% | | | 40 |
| 境外参展商展位面积与展出净面积的比值不少于10% | | | 30 |
| 境外参展商展位面积与展出净面积的比值不少于5% | | | 20 |
| A.2.3 观众 | 100 | | |
| A.2.3.1 展览期间专业观众人次与观众总人次的比值不少于70% | | 50 | 50 |
| 展览期间专业观众人次与观众总人次的比值不少于60% | | | 40 |
| 展览期间专业观众人次与观众总人次的比值不少于50% | | | 30 |
| 展览期间专业观众人次与观众总人次的比值不少于40% | | | 20 |
| 展览期间专业观众人次与观众总人次的比值不少于30% | | | 10 |
| A.2.3.2 境外观众人次不少于观众总人次的4% | | 50 | 50 |
| 境外观众人次不少于观众总人次的1% | | | 35 |
| 境外观众人次不少于观众总人次的5‰ | | | 20 |
| 境外观众人次不少于观众总人次的2‰ | | | 10 |
| 境外观众人次不少于观众总人次的1‰ | | | 5 |

续表

| | | | |
|---|---|---|---|
| A.2.4 展览的连续性 | 50 | | |
| 　同一个专业性展览会连续举办不少于 5 次 | | | 50 |
| 　同一个专业性展览会连续举办不少于 4 次 | | | 40 |
| 　同一个专业性展览会连续举办不少于 3 次 | | | 30 |
| 　同一个专业性展览会连续举办不少于 2 次 | | | 20 |
| A.2.5 参展商满意率 | 150 | | |
| 　参展商满意率调查表中对展览会的总体评价结论为"很满意"和"满意"的数量总和不低于参展商总数的 85% | | | 150 |
| 　参展商满意率调查表中对展览会的总体评价结论为"很满意"和"满意"的数量总和不低于参展商总数的 80% | | | 120 |
| 　参展商满意率调查表中对展览会的总体评价结论为"很满意"和"满意"的数量总和不低于参展商总数的 75% | | | 90 |
| 　参展商满意率调查表中对展览会的总体评价结论为"很满意"和"满意"的数量总和不低于参展商总数的 70% | | | 70 |
| 　参展商满意率调查表中对展览会的总体评价结论为"很满意"和"满意"的数量总和不低于参展商总数的 65% | | | 50 |
| A.2.6 相关活动 | 80 | | |
| 　展览区间组织与展览会主题相关的各种活动 | | | 80 |
| A.2.7 附加评定项 | 120 | | |
| A.2.7.1 主办（承办）方通过 GB/T 19001 – 2000 质量管理体系认证 | | | 20 |
| A.2.7.2 展馆方通过 GB/T 19001 – 2000 质量管理体系认证 | | | 20 |

续表

| | | | |
|---|---|---|---|
| A.2.7.3 展馆方通过 GB/T 28001 - 2001 职业健康安全管理体系认证 | | | 20 |
| A.2.7.4 装修和搭建的主要承办方通过 GB/T 19001 - 2000 质量管理体系认证 | | | 15 |
| A.2.7.5 装修和搭建的主要承办方通过 GB/T 28001 - 2001 职业健康安全管理体系认证 | | | 15 |
| A.2.7.6 展览运输的主要承办方通过 GB/T 19001 - 2000 质量管理体系认证 | | | 15 |
| A.2.7.7 展览运输的主要承办方通过 GB/T 28001 - 2001 职业健康安全管理体系认证 | | | 15 |

## 【相关链接】

### 业内人士对《专业性展览会等级的划分及评定》中相关指标的看法

　　首先是年限问题。仅以 5.1.4 条规定为例，评定 A 级的展会，"同一个专业性展览会连续举办不少于 5 次"。这样对一些规格高、质量好、专业性强，但举办频率低的展会不公平。比如说有的展会能满足 A 级评定的其他要求，级别就下降了。而有些展会可能一年举办两届，很容易满足这条要求。

　　其次是特殊行业的标准问题。再以 5.1.2 条规定为例，评定 A 级展会，"境外参展商展位面积与展出净面积的比值不少于 20%"。国家对许多行业有特殊的规定，如药品行业。国外的医药公司想进入中国，必须花 2~3 年时间进行国内注册，境外品牌进入中国市场都必须使用汉语名称。如果医药类展会应用该条规定，那么所有的医药类的展会都不能进入 A 级，这与医药类展会专业性强、规模大、服务水平高、专业观众比例高的现状是不相符合的。

　　最后，标准的制定应根据有关部门的规定，告知评定的方法、程序和相关要求，但该标准缺少此类内容。

这三项问题都是针对标准本身提出的。除此之外，还有标准认可度的问题。这个标准是推荐性的，而非强制性的，它推行的关键就是要看业内对其的认可程度。业内认为，一方面目前我国知名的大规模专业性展览会可能用不着借通过标准的评定而扬名，因为这些展览会早已在业内形成了很高的知名度和美誉度。而一些新兴的、规模较小的展会也未必会买标准的账，去主动进行等级评定，因为这种评定的结果是否能像星级饭店的评定那样，在其开展业务的过程中会有相应的"实惠"，等级评定对参展商或观众来说又增添了多大吸引力，这些都是有待标准在今后很长一段时间才能检验出来的。

另外就是谁来执行的问题。由什么机构来用此标准对专业性展览会进行等级划分及评定才能有权威？这个问题尤为重要，再科学的标准没有一个权威公正的机构来执行只能是种下龙种而收获跳蚤。此标准是由原国家经贸委牵头制定的，而今国家经贸委撤销后，该标准就像个没了娘的孩子，业内能对其重视到什么程度？

当然，不管怎么说，也不能抹杀该标准在会展业所起到的抛砖引玉作用。它的出台有着必然性和重要的现实意义。虽然业内人士对标准持有不同看法，但对其出台总体上是持赞许态度的。

## （二）地方性评估文件

除国家评估文件之外，国内一些省市也制定了地方性评估文件。

例如，温州会展业协会制定了《温州会展评估工作细则》和"温州市展览项目评估评分表"。

西安从 2004 年起，对市内 120 家企业实行会展企业资质等级评定，参展商可以此作为是否参展的重要依据。

上海市有关部门制定了上海市会展业行业公约，建立会展评估体系，进行相关的知识产权保护和品牌保护工作。

深圳会展业制定了自己的"标准"，给会展评级定档。评级定档根据会展的买家数量、展览面积、成交额等进行。深圳的展会划分为 A、B、C 三级，市政府根据不同级别给予不同的支持政策。

# 三、国外会展评估指标简介

一般来说，国外的评估指标可以归为三大类：观众质量指标、观众活动指标和展览有效性指标。当评估顾客的特征/活动和展商的特征/活动时，这些指标都有效。当评估展会的有效性时，观众和展商的指标同样必要。下面分别说明这些指标及其含义。

## （一）观众质量指标

### 1. 净购买影响

指最终声称购买、确定购买或推荐购买展出产品的一种或多种的观众比例。这个指标很重要而且一直变动很小。

### 2. 总的购买计划（购买意向）

指在参展接下来的 12 个月内计划购买一种或多种展出的产品的观众比例。

这个指标一直是个常数，美国 1987 年是 60%，1990 年也是 60%。

### 3. 观众兴趣因素值

指在被选择的参展公司中，10 个中至少有 2 个以上被参观的观众比例，即至少参观 20% 的感兴趣展位观众在总的观众中所占比例。

一般来说，展会限定的范围越窄，观众的兴趣因素值越高。研究表明，展会规模的大小与这个取值的大小成反比。虽然某展会吸引更多的展商，增加了更多的空间，然而观众的兴趣值却可能会下降，因为参观者不会按比例增长地参观展览。

## （二）观众活动指标

### 1. 在每个展位前花费的平均时间

该指标表示为总的参观时间除以平均参观的展位数。

当产品示范或演示时，这个因素很有用。在过去的 10 年间，它一直是个常数，为 20 分钟。有关资料统计发现，在 2 天展期的展览中，观众一般要花费 7 ~ 8 小时参观平均 21 个展位。

### 2. 交通密度

交通密度指每平方米展览面积上的观众人数。一般交通密度为 3 ~ 5 时表明展览是成功的和活跃的。在过去 20 年中，这个影响因素在 3 ~ 4 变动。当密度达到 6 时，已经是相当高，这时展馆已经相当拥挤了，而 1 意味着参展的观众很少。显然，在展销会中观众的指标是重要的，与确定展销会有效性一样重要。

## （三）展览有效性指标

### 1. 潜在顾客

指在参观中对公司产品很感兴趣的观众的比例。

显然，这是一个预展效果评价指标，对于选择参加哪个展会这个指标很关键。

### 2. 展览的效率

指在公司展览中，与公司一对一接触过的潜在顾客的比例。

作为美国展会评价的全局指标，1990 年这个指标是 62%。最近 30 年内，这个指标一直相对稳定在 60% 左右。

### 3. 人员绩效

该指标描述在展位上工作的参展人员的质量和数量。可以使用的指标有很多，应根据展会的目标而选择。

例如，如果公司关注的是潜在顾客，人员绩效指标可能是展位工作人员除以接触的潜在顾客的数目。更进一步，如果展销会定位于销售，人员绩效可以用每个展会代表销售产品的数目来确定。

### 4. 产品的吸引程度

该指标表示对公司参展产品感兴趣的观众比例。

这个指标可以在与展会人员相互接触时或接触后得到。

### 5. 记忆度

该指标是参观过产品并在 8～10 周后仍记得者占参观人数的比例。

对于管理者而言，人员绩效低、企业标识不完备、跟踪询问不完善等，都可能导致低的记忆度。

### 6. 每个参观者到达的费用（CVR）

统计值标示为总的展览费用除以达到展位的参观者人数。

对于许多管理者而言，有效性意味着得到丰厚的回报。因而，成本指标必须是展会评价的一部分。

### 7. 表现优秀的参展公司数

在会展行业内，潜在顾客至少达到 70%，CVR 低于平均水平就认为其表现优秀。优秀参展公司的 CVR 一般低于平均 CVR 的一半。

### 8. 产生的潜在顾客数

这是一个容易确定的数据，只要统计在展会中产生的潜在顾客数就可以了。要求展商记录潜在顾客的基本信息，如姓名、公司、地址和电话号码。

### 9. 潜在顾客产生的销售

确定展会中的潜在顾客产生的销售。这个指标可以直接确定（如果在展览中销售产品），或者通过展后的几个月内的销售跟踪确定。

### 10. 每个潜在顾客产生的成本

可能比 CVR 更有效的评价指标。对管理者而言，这可能代表在一个特定展会中对投资更精确的价值反映。

虽然这些指标评价对于展会绩效来说比较全面，但这并不代表评价展会绩效的指标已经全部列出。其他有效性指标可能根据参展公司的目标而确定。例如，如果公司关注新产品信息的散发程度，那么公司就应该关注一些这方面的数据，如在展览会上散发给参观者的宣传册子数。

## 【复习思考题】

1. 简述参展商预算要考虑的三类预算项目的具体内容。

2. 简述《专业性展览会等级的划分及评定》中主要构成要素的内容。

## 【案例分析】

# 《2014 成都创意设计周品牌价值评估报告》在京发布

### 1. 举办文创类博览会有据可依

由国家文化市场调查评估中心编制的《2014 成都创意设计周品牌价值评估报告》日前在北京向社会公开发布。

据悉，为避免出现以往展会"谁主办，谁评估"或没有评估结果的问题，成都市政府首次选择由第三方国家机构客观、公正、全面地对此次创意设计周做出评估。

2014 年 10 月 1 日至 14 日举办的 2014 成都创意设计周是一场文化创意和设计服务产业的盛宴，委托第三方对其品牌价值进行评估的做法在国内具有示范性作用，对中国文化园区设计规划、节庆活动以及文博会等其他文化产业进行自我完善与提升，具有参考和借鉴意义。

### 2. 数字化表达成果

依据科学实证全面性与系统性、评估时限性和成果、定量和定性评估相结合、高度技术性及示范性等原则，评估机构对 2014 成都创意设计周"8 + 1"活动（"8"即成都创意设计产业展览会、2014 中国文化产业新年论坛成都峰会、双百创意总动员、创意成都奖等；"1"即发布一项产业政策《成都市文化创意和设计服务与相关产业融合发展行动计划（2014—2020)》）的"时间、空间、结构价值"，通过指标系统就市政府的主导能力、企业参与度、市场化运作能力和经济效益、实现创意设计周主题能力、外延文化影响力等方面的内容进行了细致评估。评估结果显示，成都创意设计周综合指数为83.54，这是对 2014 成都创意设计周全面成果的数字化表达。

### 3. 争取创立指数

据参与此项评估工作的专家称，文化创意产业的量度不同其他经济发展的量度指标，当然也不同于具体的商业品牌价值的量度指标，需要更多地注入人文社会环境指标，以及政府政策指标。评估专家针对 2014 成都创意设计周的文化属性、经济属性和社会责任，力求全方位、多维度进行材料和数据收集，运用大数据，在吸收国内外先进理念和分析技术的基础上，使用具有自主知识产权的"品牌管理系统管理工具"，结合2014 成都创意设计周实际，创建出一套专业的"创意设计活动周品牌价值评估系统"，建立起有别于普通商业品牌的价值评估体系。

目前，全国性的文化创意产业类博览会、设计周还没有一个展开过品牌价值评估。积极开展文化市场的科学评估调查是一项开创性的工作，将为相关政府部门、组织机构举办文博会及类似文化创意活动提供决策依据。

**分析题：**

1. 对展会进行效果评估的现实意义何在？

2. 请分析采取科学实证和定性评估结合的评估方法的重要意义。

# 第 十 章

## 会议策划

### 本章导读

本章将重点围绕会议策划的方案编写以及相关事务的安排展开学习。会议的策划，无论其规模的大小，类型如何，第一步需要做的就是设立会议目的，明确会议定位。首先，会议的目的为会议的主旨和会议的类型提供了一个良好的基础，正确评估而且时刻牢记与会者的需要是非常重要的。会议的目的可以一会一议或一会多议，但议题的数量要适中，不然讨论不充分，会影响会议的质量。其次，会议的目标是会议的终极目的，是会议各项工作的指挥棒，一次会议中贯串各项议题的主线叫作会议的主题。最后，目的应该要以会议日程安排和内容为基础。

### 【学习目标】

1. 明确会议的概念、类型和构成要素。

2. 了解会议策划的基本内容，会议活动的策划方案以及相关的事务。

3. 在掌握会议策划专业知识的同时，能够独立撰写小型会议策划方案。

### 【导入案例】

国际高尔夫协会副总裁彼得先生及代表团一行 8 人来昆明考察举办国际高尔夫协会 2015 年年会环境，并委托某会展公司代为筹划并负责接待工作。

**请思考：**如果你是该会展服务公司的经理，你如何进行此次策划。

# 第一节　会议活动概述

## 一、会议的内涵

所谓会议，是人们为了解决某个共同的问题或出于不同的目的聚集在一起进行讨论、交流的活动，它往往伴随着一定规模的人员流动和消费。作为会展业的重要组成部分，大型会议特别是国际性会议在提升城市形象、促进市政建设、创造经济效益等方面具有特殊的作用。

会议的基本特征如下：一是会议的召开必须合法，二是会议必须有一定的议题，三是会议必须有一个最低人数临界点，四是与会人员有平等发表意见的机会，五是会议的目的（有多种目的），六是要有组织有领导地举行会议。

严格地说，只有符合上述六大特征的集会才能称为会议。但是，在现实生活中和实际工作中，许多只具有上述会议概念中某些特征的集会，如各种总结会、报告会、传达会、动员会、表彰会等，也习惯上称之为会议。它们大多是只会而不议，与会人员除了主持人外，绝大多数人只能看会、听会，没有发表意见的机会，可把它们看作广义的会议概念。

## 二、会议的类型

### （一）根据主办者的性质划分

#### 1. 公司类会议

公司类会议规模大小不一，小到几个人，大到上千人。公司类会议的数量极其庞大，但是由于很多公司并不愿意对外宣传内部会议，所以公司类会议的数量很难准确统计。公司类会议的主题通常是管理、协调和技术等，具体可分为销售会议、经销商会议、技术会议、管理者会议、董事会会议和股东会议等。

#### 2. 社团协会类会议

社团协会类会议因人数和性质的不同而互不相同，包括小型地区性组织、省市级协会到全国性协会，乃至国际性协会等。社团协会大致可分为行业协会、专业和科学协会、教育协会、技术协会等。

#### 3. 其他组织会议

这类会议的典型代表是政府机构会议。其中，省市县级的中小规模的政府机构会议数量十分庞大，是一个非常可观的会议市场。在西方国家，工会会议也是重要的会议市场。

## （二） 根据会议的规模划分

### 1. 国际性会议

国际性会议是指与会者来自或代表不同的国家或地区的会议。

### 2. 全国性会议

全国性会议是指与会者来自或代表全国各地或各个行业的会议。

### 3. 区域性会议

区域性会议是指与会者来自一个国家的同一区域或代表同一区域内若干单位的会议。

### 4. 单位性会议

单位性会议是指一个特定组织内部召开的会议。

## （三） 根据会议活动特征划分

### 1. 商务型会议

公司、企业因业务、管理、发展等需要而展开的会议被称为商务会议。出席这类会议的人员素质比较高，一般是企业的管理人员和专业技术人员。

### 2. 政治性会议

国际政治组织、国家和地方政府为某一政治议题召开的各种会议属于政治性会议。政治性会议根据内容需要一般采取大会和分组讨论等形式。

### 3. 展销会议

参加商品交易会、展销会、展览会的各类展商及一些与会者除参加展览外，还会在饭店、会议中心等场所举办一些招待会、报告会、谈判会、签字仪式、娱乐活动等，这些会议可以统称为展销会议。另外，一些大型企业或公司在饭店举行会议时，还会在饭店举办小型展销活动，这些会议也可划入展销会议范畴。

### 4. 文化交流会议

各种民间和政府组织组成的跨区域性的文化学习交流活动，常以考察、交流等形式出现。

### 5. 度假型会议

一些公司或社团协会等机构利用节假日、周末等时间组织人员边度假休闲，边参加会议。这样既能互相了解，增强机构的凝聚力，又能解决所面临的问题。度假型会议一般选择在风景、名胜地区的饭店或度假区举行。会议通常会安排足够的时间让员工观光、休闲和娱乐。

### 6. 培训会议

用一个会期对某类专业人员进行的有关业务知识方面的技能训练或新观念、新知识方面的理论培训，培训会议形式可采用讲座、讨论、演示等形式进行。

### 7. 专业学术会议

这类会议是某一领域具有一定专业技术的专家学者参加的会议，如专题研究会、学术报告会、专家评审会等。

### （四）根据会议的性质和内容划分

#### 1. 年会

年会是就某一特定主题展开讨论的聚会，议题涉及政治、经贸、科学、教育或者技术等领域。年会通常包括一次全体会议和几个小组会议。年会可以单独召开，也可以附带展示会，多数年会是周期性的，最常见的周期是一年一次。参加年会全体会议的人员通常比较多，一般要租用大型宴会厅或者会议厅。小组会议上讨论的是具体问题，所租用的是小会议室。

#### 2. 专业会议

专业会议的议题通常是具体问题并就其展开讨论，可以召开分会，也可以只开大会。就与会者人数而言，专业会议的规模可大可小。

#### 3. 代表会议

代表会议指由代表某一利益群体的与会者参加的会议。代表会议的规模和出席人数差别很大。代表会议这个词在英文里的对等词是 congress，最常在欧洲和国际活动中使用。从本质上讲，它与另一个英文词 conference（会议）大致相同。但是在美国，congress 这个词用来指立法机构，美国指代表会议时经常用 conference 或 convention。

#### 4. 论坛

论坛的特点是进行反复深入的讨论，一般由小组组长或演讲者来主持。它可以有许多的听众参与，并可由专门小组成员与听众就问题的各方面发表意见和看法，两个或更多的讲演者可能持相反的立场，对听众发表讲演而不是互相讲给对方听。主持人主持讨论会并总结双方观点，允许听众提问。

#### 5. 座谈会、专题讨论会

座谈会和专题讨论会比论坛要正式和严谨一些，由主持人或演讲人进行一种陈述讲演，有一些预定好的听众参加。与论坛相比，与会者在座谈会和专题讨论会中在平等交换意见的气氛和特征方面要弱一些。

#### 6. 讲座

讲座更正式和更有组织一些，常由一位或几位专家进行个别讲演，讲座的规模可大可小。观众在讲座结束后可以提问，有时主办方也会不安排观众提问。

#### 7. 研讨会、专家讨论会、讨论会

这类会议通常在主持人主持下进行，与会者参与较多，可以平等交换意见、分享知识和经验。一般在相对范围内进行，规模较小；当规模变大时，就演变成了论坛、讨论会或专题讨论会。

#### 8. 专题讨论会

专题讨论会指为处理专门问题或特殊分配任务而进行的小组会议，与会者就某一议题进行学习和讨论、分享知识、技能和对问题的看法。

### 9. 培训性会议

一般至少要用一天的时间，多则几周。这类培训会议需要特定场所，培训内容高度集中，由某个领域的专业培训人员教授。

### 10. 奖励会议

企业或公司为了表彰、奖励工作出色的员工、分销商或客户而举行的会议。它是企业或公司一种重要的激励手段。

## （五）新的会议类型

### 1. 玻璃鱼缸式会议

这是一种非常独特的讨论会议类型。通常由 6～8 名与会者在台上或房间中心围成一圈，圈子中间留有一个空座。其他与会者只能作为观众坐在周围旁听，不能发言，只有那些坐在圈子里的人才可以发言。如果有观众想发言，他必须走到圈子里，坐在中间的那个空座上，发言完毕再回到原座位。

玻璃鱼缸式会议通常有主持人参加。他可以参加"玻璃鱼缸"的讨论，也可以只负责维持会议按正常程序进行。由于在会议进行中大部分观众只是在外围观看那些位于圈子中的与会者演讲或讨论，就像在观看鱼缸里的鱼活动一样，所以人们给其取名为"玻璃鱼缸"会议。

### 2. 辩论会

辩论会是指两个人或两个团体就某一问题展开辩论，一方为正方，一方为反方。例如，我们应当提高服务价格吗？正在开发的新产品对公司是否有利？政府新颁布的政策对旅游业会产生什么影响？国家是否应当争取奥运举办权？任何具有两面性的问题都可以成为辩论会议的话题。

辩论会有很多好处，它着眼于问题的正反两面，可以向观众展示不同的观点和看法。辩论会通常会带来观念或过程的进步，因为辩论过程可以暴露不少问题。

### 3. 角色扮演

一般人可能不会想到开会时使用角色扮演这一会议形式。不过，根据讨论话题的不同，角色扮演有时会将一个问题诠释得更好。

在美国亚美酒店所有者协会的年会上，与会者曾经就特权授予人和被授予人之间的调停仲裁问题采取角色扮演这一会议形式。大家通过这一形式对相关问题进行了详细阐述而不是将其简单诉诸法律。这一方法获得很大成功，因为它经过了充分的准备，而且所有仲裁问题，如律师是如何同仲裁人打交道的，又是如何和客户打交道的，都被一步一步解释得非常清楚。另外，还有一名讲解员对案例的背景和事实给予陈述。

### 4. 网络会议

随着现代科技的发展和广泛运用，网络会议逐渐成为一种新的会议形式。网络会议使用的是一种被称为流动媒体的技术。简单来说，就是预先用录像带把某个事件或活动现场录制下来，然后转换成数字化的视频信号通过电脑接收后送入网络服务器。进入服务器后，人们就可以直接观看或下载后观看。这对那些由于各种原因不能参加会议但仍对某些日程感兴趣的成员或同事来说是个福音。通过网络传递，不存在时间上的障碍。网络会议对公司召开培训会议非常有利，它不必再让有关人员乘坐飞机去往目的地，可以节省飞行、住宿、伙食、地面交通等许多费用。

## 三、会议的构成要素

### （一）会议目的

会议的策划，无论其规模的大小、类型如何，第一步需要做的就是设立会议目的，明确会议定位。首先，会议的目的为会议的主旨和会议的类型提供了一个良好的基础，正确评估而且时刻牢记与会者的需要是非常重要的。会议的目的可以一会一议或一会多议，但议题的数量要适中，不然讨论不充分，会影响会议的质量。其次，会议的目标是会议的终极目的，是会议各项工作的指挥棒，一次会议中贯串各项议题的主线叫作会议的主题。最后，目的应该要以会议日程安排和内容为基础。

### （二）会议时间

#### 1. 会议召开时间

某个会议什么时间召开最合适，要考虑多种因素。首先是需要，如每周一次的工作例会，通常放在周末的下午，一周即将结束，下一周就要开始，这样比较利于承上启下。一年一度的职工代表大会，通常放在年初召开，这样既有利于总结上年的工作，又利于部署新一年的工作。其次是可能，即最好选择每位与会者都能参加的时间，如日本的有些企业召开各部门干部汇报会，常常定在下班前半小时，而不是安排在刚上班时。最后是适宜，即要考虑气候、环境等自然和社会因素。

#### 2. 需要时间

会议需要时间可长可短，尽量紧缩。会议组织者应尽可能准确地预计需要时间，在会议通知中写明，便于与会者有计划地安排。

#### 3. 时间限度

每次会议时间最好不超过一个半小时，如果议题较多需要更长的时间，应该安排中场休息。

### （三）会议地点

举办会议首先要选择地区和城市，然后选择场馆和设施。根据会议要求的不同，人们会做出不同的选择。如果举办的是大型会议，可以选择会议酒店或会展中心。如果我们的目标之一是召开会议，那么拥有众多会议室的会议酒店就比度假区酒店合适。当然，酒店并非就一定是首选，还可以考虑餐厅、主题公园、游船等。选址时也要考虑政治因素、经济因素和环境因素。

### （四）会议主办者

主办者是指对会议活动的组织、管理、协调负主要责任的机构或者个人的统称。会议都是由主办者举行的，主办者通常包括具有领导和管理职权的机关、会议活动的发起者、特定组织的成员、通过一定的申办程序获得主办权的组织。随着会议主办形式的发展，现代会议的主办者往往涉及相关协办者或赞助者。

### （五）会议承办者

具体落实组织任务的机构或个人称为会议承办者，会议承办者既可以来自主办者内部，也可以来自主办者外部。承办者对主办者负责，具体职责由主办者决定或协商谈判确定。内部承办者往往来自会议主办组织中的成员，通常会设立一个秘书处或筹划委员会，专门处理会议的筹备、管理和策划工作。秘书处或筹划委员会要负责确定会议目标、为会议选址、定义与会人群、确定会议时间、调配资源、安排人员、批准预算等。外部承办者通常是会议或相关行业中的专业人士，如专门提供会议承办服务的会展公司或旅行社。随着中介服务的发展，越来越多的主办者将会议委托给中介公司筹办。此外，会议的承办者还涉及为会议提供各种服务和物资的供应。

### （六）会议形式

会议形式是指用以达到会议效果的手段，包括活动样式、传递方式、会场布置等方面。会议形式对于实现会议的目的、提高会议的效率有直接的影响。会议的表现形式很多，只要是在一定时间内有目的、有组织地把相关人员召集起来，传递信息、协商事项、学习交流等，都可以说是会议。

# 第二节　会议活动策划

## 一、明确会议的目标

### （一）明确会议的总体目标

会议的总体目标是召开会议的广义理由。典型的会议总体目标包括：找出或解决问题、献计献策、搜集或组织信息、决策以及计划等。

### （二）明确会议的具体目标

要使会议有一个具体的目标，必须准确地描绘出主办者希望取得什么样的结果。如会议的总体目标是解决问题，则会议的具体目标可以是团队对解决这个问题的献计献策等。

## 二、确定会议形式

会议形式主要根据所举办会议的目的、规模、持续的时间以及其他与计划和实施相关的细节来决定。不同会议形式的目的是不同的，根据会议要达到的目标来选择恰当的会议形式十分重要，应考虑哪种会议形式最能满足特定要求，最符合实际情况。

## 三、确定会议时间

会议不能受干扰、会议不要长于一个半小时，这是大多数的注意力能够集中的限度。一般来说，8：30—10：30是会议最可能取得高效率的时间，15：00—17：00也同样如此，而上午开会的效果要比下午开会效果明显好一些。

## 四、会议地点的选择

会议地点的选择是决定会议能否成功举办的关键因素之一。除传统的会议酒店、会展中心以外，近年来深受欢迎的会议地点（尤其是对于小规模的社交会议和活动）有博物馆、画廊、历史古迹遗址、图书馆甚至动物园等地方。美国曾经就有一个全国性协会的下属分支机构把一个分会放在动物园召开，并提供午餐。当时，这个协会正在举行年会，作为分会主办方的一个分支机构提议把会议改在晚上去动物园召开，结果受到热烈欢迎。许多机构会把一些特殊活动放在主题公园举办，届时主题公园将关闭部分对外服务以满足特殊活动的需要，与会者在就餐后将在公园停留几个小时。除了选择会议地点的类型以外，会议地点的选择还要考虑会址所在城市的地理位置能否吸引人，以及它的气候环境、交通基础设施等方面，这些因素都会直接或间接地影响着会议的效果。

另外，在确定会议地点后就要考虑具体会议场所，选择会议场所时应该要考虑客房的数量、类型和内部设施条件，服务水平，娱乐和健身设施，公共设施，安全设计，会议场所需要的费用，等等。

# 第三节　会议活动策划方案

## 一、拟订会议议程

会议议程就是为使会议顺利召开所做的内容和程序工作，是会议需要遵循的程序。它包括两层含义：一是会议的议事程序，二是列入会议的各项议题。为了让与会者对会议及早做准备，会议议程应随会议通知事先发给与会者。

### （一）会议议程的内容

会议议程是为完成议题而做出的顺序计划，即会议所要讨论、解决的问题的大致安排，会议主持人要根据议程主持会议。通过会议议程，与会者可以清楚会议顺序计划，即获得有效信息。会议议程是一个沟通的平台，一个高效率的市场管理工具。

## （二）会议议程的结构

### 1. 标题

由会议全称加上"议程"二字组成。

### 2. 标题和题注

议程如需提交大会审议表决，应在标题后面或者下方居中用圆括号注明"草案"二字。议程如已获大会通过，则去掉"草案"二字，在标题下方注明该议程通过的日期、会议名称，并用圆括号扩入。不需要大会通过的议程可注明会议的起讫日期，如2015年10月25日—28日。

### 3. 正文

议程的正文要概括地说明会议每项议题性活动的顺序，用序号标注，句末一般不用标点。

### 4. 落款

由会议组织机构确定的议程应当标明制定机构的名称，如"秘书处"。由会议通过的议程不用标写落款。

### 5. 制定日期

不需要大会通过的议程要标明制定的具体时间。

## （三）一日会议的议程策划

一日会议的议程，包括一日一个地点或者一日多个地点的会议议程。一日一个地点的会议议程由于会议内容较少，整个会议活动按照时间线性安排，并标注活动内容、地点和主持人等基本要素即可。表10-1为某区安全生产会议一日会议议程，可作为参考。

表10-1 某区安全生产会议一日会议议程

| 时间：××××年××月××日 | | | | 地点：区政府1号会议室 |
|---|---|---|---|---|
| 序号 | 时间 | 内容 | 主讲人 | 主持人 |
| 1 | 8：30—10：10 | 成员单位领导讲话（监察局、发改委、财政局、建设局、审计局） | 各单位领导 | 周×× |
| 2 | 10：10—10：30 | 区政府分管区长讲话 | 洪×× | |
| 3 | 10：30—11：00 | 安全演练 | | |
| 4 | 11：00—11：30 | 培训讲座：建设工程、施工、监理"三方"主要工作任务 | 张×× | 黄×× |
| 5 | 11：30—12：00 | 安全工程流程图讲读 | 何×× | |

| 序号 | 时间 | 内容 | 主讲人 | 主持人 |
|---|---|---|---|---|
| 6 | 12：00—14：30 | 休会 | | |
| 7 | 14：30—15：30 | 校舍安全工程管理要素 | 张××、何×× | 黄×× |
| 8 | 15：30—15：40 | 播放、解读校舍安全工程加固视频、案例 | | |
| 9 | 15：40—16：00 | 会间休息 | | |
| 10 | 16：00—16：40 | 学校项目负责人、经办人提问解答 | 黄××、张×× 何××、罗×× | 黄×× |
| 11 | 16：40—17：20 | 安办主任讲话 | 周×× | 黄×× |

### （四）多日会议的议程策划

多日会议往往是在多个地点举办的会议，会议内容多，参会人数多，对场地的要求也较为复杂，有的会场常常被多日多次重复使用。在编制多日会议议程安排时，首先要站在全局的角度安排好整个会议活动期间的议程，然后再进行会议活动分解，分解后的会议议程安排可以按照上述一日会议议程安排进行。表10 – 2 为2013昆明南博会多日会议议程安排，可作为参考。

表10 – 2　2013昆明南博会多日会议的议程安排

| 时间 | 活动名称 | 活动内容 | 地点 |
|---|---|---|---|
| 6月4日 10：00 | 南亚风光风情摄影展 | 1. 省文联在昆明长水国际机场开展为期一个月的南亚风光风情摄影展，展出的20张照片中，涉及人文、城市、建筑以及宗教等内容。 2. 亚洲书法艺术站暨《作品集》首发式。 | 昆明长水国际机场出发大厅 |
| 6月5日 9：00 | 1. 第四届中国东南亚南亚电视艺术周 2. 首届南亚博览会暨第21届昆交会开幕式 | 1. 第四届中国东南亚南亚电视艺术周活动以"家庭·青年与未来"为主题，对中国、南亚、东南亚各国影视创作凸显的文化特征进行多角度、多侧面的探讨与交流。艺术周活动期间，省文联在云南广播电台演播厅举办"彩云南的微笑"暨"山茶花"奖颁奖电视文艺晚会，在长水机场举办亚洲书法邀请展，举办东南亚各国电影观摩研讨活动，并播放《流浪者》《大篷车》《少年派的奇幻漂流》《人再囧途之泰囧》等影视作品。 2. 领导致辞、开幕。 | 1. 云天花苑酒店2楼百合厅 2. 国际会展中心世博厅 |

| 时间 | 活动名称 | 活动内容 | 地点 |
|------|----------|----------|------|
| 6月6日 15：00 | 商品采购大会 | 邀请海内外采购及供应商进行配对与贸易洽谈，根据招商情况和采供双方的意向，大会分为农产品、生物医药、化工矿产、旅游工艺品、五金机电、纺织服装和皮革制品等对接洽谈区，不同领域的采购、供应商可以方便地有针对性地开展业务洽谈，也可以跨领域获取相关资讯，使得商品采购大会与商品展、参展商形成有效的互动。 | 昆明国际会展中心开幕式大厅 |
| 6月7日 8：00—9：40 | 中国－南亚商务论坛泛亚金融合作会议 | 论坛围绕区域合作与和谐发展，邀请中国国家领导人和南亚各国政府首脑在论坛上发表主旨演讲，下设2场全体会议和4场分组会议。论坛全体会议着眼于探讨中国与南亚开展区域合作的宏观形势，解读合作领域导向，对中国与南亚的经贸关系发展做出前瞻性判断。4场分组从金融合作、生态建设与农业发展、妇女发展和媒体合作等方面进行深度对话。论坛还举办"走向南亚"电视主题论坛和"感受云南生态农业"等主题活动。 | 佳华广场酒店 |
| 6月8日 10：30—11：40 | 第四届中国－东盟行业合作昆明会议 | 会议以"打造中国－东盟行业合作枢纽、门户城市"为主题，邀请东盟秘书处代表，东盟驻华大使、商务参赞，东盟相关行业商（协）会领导、著名企业家代表，全国性行业商（协）会负责人、著名企业家代表，以及云南省与昆明市行业协会及相关企业代表出席，共同商讨中国－东盟行业之间的深入合作。 | 中豪螺蛳湾国际商贸城一期西大厅 |
| 6月9日 9：00—16：30 | 1. 中老跨境合作区建设协商会议 2. 第五届GMS经济走廊活动周新闻发布会 | 1. 加快中越跨境经济合作区的研究和建设，中越跨境经济合作区联合专家组应保持经常性的会晤和磋商，加强双方在各领域的合作，积极保持与亚行的良好合作关系，推动中越国家层的中央工作组进行谈判与磋商。2. 本届活动周的目的是充分发挥GMS商务理事会、GMS运输商协会及GMS供应链联盟的引领作用，利用"第五届GMS经济走廊活动周"平台，促进GMS与云台产业合作，推动GMS物流行业、电子商务行业、园区建设和文化传播行业等合作，加快GMS各领域互联互通的步伐。本届活动周注重提高地方政府和企业的参与程度，扩大合作成果在经济走廊沿线地区的覆盖面，推动各国企业深入合作、互利共赢。 | 1. 云南海埂会堂 2. 国际会展中心 |

## 二、会议活动策划的相关事务

### （一）拟订会议接待方案

对于重要的会议接待，会务和工作机构应当事先制订会议接待方案，安排好与会者的迎送和吃、住、行、游、购、娱等接待活动及具体事务，并作为会展策划方案或预案的组成部分。

#### 1. 接待对象和接待缘由

会议的接待对象类别众多，包括上级领导、政府官员、协办支持单位、特邀嘉宾、会议成员、参展单位、客商、普通观众以及媒体记者等，有以政府代表团名义来访的，也有联合组团参加的，还有的是以个人身份参会、参展、参观的。每一种接待方案一定要写清楚具体的对象。同时还要简要说明为何接待，即接待的缘由、目的和意义。

#### 2. 接待规格

接待规格实际上是参加对象所受到的待遇，体现主办者对参加对象的忠实和欢迎程度。接待规格主要表现在以下几个方面：

迎接、宴请、看望、陪同、送别参加对象时，主办方出面的人员的身份。具体可分为三种情况：一是高规格接待，即主办方出面人员的身份高于参加对象，以体现对会议活动的重视和对参加对象的尊重；二是对等规格接待，即主办方出面人员的身份与参加对象大体相当；三是低规格接待，即主办方出面的人员的身份低于参加的对象。

会议活动过程中主办方安排宴请、参观、访问、游览、娱乐活动的次数、规模和隆重程度。活动次数越多、规模越大、场面越隆重，说明规格越高，反之则低。

主办方确定的参加对象的食宿标准。食宿标准越高则规格越高，反之则低。接待规格要依据会议活动的目标、任务、性质、接待方针并综合考虑参加对象的身份、地位、影响以及宾主双方的关系等实际因素，涉外接待规格应严格按有关外事接待的规定执行。

#### 3. 接待内容

会议接待的内容包括接站、食宿安排、宴请、看望、翻译服务、观看电影和文艺演出、参观游览、联欢娱乐、返离送别等方面。接待内容的安排应当服从于整个会议活动的大局，并有利于参加对象的休息、调整，使会议活动有张有弛，节奏合理，同时也能够为会议活动创造轻松、和谐的气氛。

#### 4. 接待日程

接待日程安排应当依据会议活动日程的整体安排进行考虑，并在会议日程表中反映出来，便于与会者了解和掌握。

#### 5. 接待经费

会议的接待经费是整个会议经费的构成部分，三要是安排参加对象的食宿和交通的费用，也包含安排参观、游览、观看文艺演出等的支出，涉外会议活动还包括一定数量的礼品费。会展接待应当对接待经费的来源和支出做出具体说明，对外公布的接待方案一般不写这一部分的内容。

## （二）会议的组织管理

### 1. 报到咨询

在会场入口附近醒目的位置设立服务台，配齐足够数量的工作人员、电脑、签到表、笔、收据、证件、大会资料等。要求工作人员身穿统一制服，佩戴工作证，以方便到会者识别工作人员，寻求服务。大会报到处工作人员应有一定的分工，按照服务流程进行操作。同时，要为与会者提供咨询服务，这要求工作人员不仅要了解会议日程安排方面的各个细节，了解会场的布局与相关设施情况，还要掌握交通、旅游、餐饮、天气等方面的资讯，所以在人员安排上可以配备若干名机动人员，以随时为来宾提供其他服务。

### 2. 住宿安排

对会议的住宿安排，要仔细分析与会者的基本情况，事先制订方案，做到合理分配。为了便于会议期间的信息沟通和会务联系，住宿安排最好是与会者都能或者相对集中地住在举行会议的同一家宾馆。住宿地与会场距离要近，这样比较方便，也能节省时间和交通费用。同时，在安排房间时，要考虑房间安排的布局是否集中。其次，要考虑住宿的押金和账户。如果会议注册费中不包含住宿费，那么必须要求与会者事先缴付一定的押金，以免会后收不到住宿费而造成损失。会议组织者应当在宾馆开设两种账户，一种是总账户，一种是个人账户。所有会议的集体开销和包含在会议注册费里面的与会者的开销均计入总账户，与会者的其他个人开销计入个人账户。总账户由专人专管，只有指定的会务人员签字的账单才能计入总账户。

### 3. 餐饮安排

要实现依据会议活动整体要求制订一套详细的工作方案，主要内容应该包括就餐的标准、就餐时间、就餐地点、就餐形式、就餐人员组合方式、就餐凭证等方面。明确以上餐饮的细节，目的是使会议组织者和餐饮服务方都能明确每项餐饮活动安排的细节，既保证餐饮活动按餐饮订单进行筹备和检查，也便于出现纠纷时有参考的依据，保证会议餐饮活动的顺序进行。会议组织方必须在现场明确以下餐饮的环节：一是饮食卫生，确保饮食安全。二是规格适中，要根据经费进行预算。三是照顾特殊，如对少数民族代表、外宾或其他特殊饮食要求的代表特殊照顾。

### 4. 突发事件的处理

会议中，对紧急事件的处理也很重要。会议中可能发生的紧急事件主要有以下几类。

一是紧急医疗。有些与会者可能会因为改变饮食、睡眠不足、疲劳、面临不熟悉环境孤独等，在会议期间生病。根据以往的经验，比较可能发生的疾病是心脏疾病、中风和其他一些对生命造成危害的病症。因此，有必要根据与会者的平均年龄、活动范围和过去会议经验制订紧急医疗计划，如建立紧急医疗系统、设立会场医务室等以应对突发的紧急医疗事件。

二是卫生问题。卫生包括饮食卫生和环境卫生两方面，其中餐饮卫生对会议主办者来说是最大的挑战，所以要谨慎选择合作对象，万一出现因食物不洁而造成腹泻或食物中毒现象，将造成难以弥补的损失。

三是火灾。应该使每一个与会者都知道在活动中遇到火灾的逃生线路、逃生的步骤以及方法，要严格做好场地检查，熟悉安全措施。

四是盗窃。与会者在会议中遇到盗窃事件会给他们留下不良印象，因此在重要的会议尤其是国际会议期间，应要求地方政府加强警力，避免发生盗窃事件，同时应以书面材料告知与会者相关的安全防范常识。

---

**【相关链接】**

### 会议全息沟通艺术

首先，必须目的明确、思路清晰、注意表达方式。尤其要实心实意听取不同意见，建立沟通双方的信任和感情。

其次，要选择有利的时机，采取适宜的方式。在不同情况下要采取不同的沟通方式，要抓住最有利的沟通时机。

再次，沟通要有与会成员之间的信任度。

最后，沟通要讲究"听"和"说"的艺术。沟通过程中，主动听取意见；要善解人意，体味对方的情感变化和言外之意，做到心领神会。不仅要会听，还得会说，要诚恳谦虚。

---

**【复习思考题】**

1. 会议的构成要素有哪些？
2. 会议的议程结构包含哪些部分？
3. 会议接待方案的组成有哪些？

**【案例分析】**

### 第二届中国工业企业合同能源管理（EPC）推进大会

背景与情境：以下是第二届中国工业企业合同能源管理（EPC）推进大会2011年11月10日—11日主要活动的相关资料。

一、活动

会议注册报到

大会开幕式

领导、嘉宾致辞及主持讲话

主题演讲：工业企业节能减排与 EPC、DSM 在中国的应用

主题演讲：合同能源管理（EPC）模式及国家最新节能政策报告

主题演讲：中国化工节能技术现状及发展方向

主题演讲：关于合同能源管理项目的贷款政策及融资渠道

主题演讲：工业节能技术规则及能效评测办法介绍

茶歇

展商技术交流和专场洽谈会

午餐

主题演讲：EPC 国际合作与新技术推广

主题演讲：西门子工业节能技术及融资解决方案和实践

主题演讲：工业企业节能减排形势及余热余压利用

主题演讲：知能善用，点石成金——基于 3S＋的大型企业综合节电解决方案

主题演讲：中国能源发展趋势与工业能量系统优化

休息 10 分钟

主题演讲：合同能源管理的实践与探索

主题演讲：基于叠波串联技术的高压变频系统

主题演讲：工业空压机系统能耗现状及节能潜力

主题演讲：酶与工业清洁生产及节能减排应用

主题演讲：热电联产与工业余热发电 EPC 合作

专场交流洽谈会

全天大会结束

大会晚宴

二、地点

山东临沂观唐温泉国际度假村观唐国际会议中心长安厅

三、主持人

国家工信部节能与综合利用司副司长杨铁生或高东升

国家质检总局特种设备安全监察局局长宋继红

中国节能企业联合会、国际节能环保协会节能指导委员会主任委员沈龙海

山东省政府节能办（省节能协会）副主任赵旭东

山东临沂市政府市长张务锋或副市长宋培杰

中国节能协会节能服务产业委员会（EMCA）副主任兼秘书长赵明

中国化工节能技术协会顾问张瑾桐

北京银行副行长

国家质检总局特检局

中能兴科（北京）节能科技股份有限公司总经理胡绍敏

西门子（中国）有限公司副总经理林泽波博士

清华大学刘兰斌博士

金维宁副总经理

华南理工大学教授华贲

山东万众集团公司董事长宫志利

烟台东方电子科技发展有限公司总经理任志远

诺维信（中国）投资有限公司赵红宝工程师

**分析题：**请根据这些材料，安排 11 月 10 日的会议活动。

# 实 训 一

## 会展项目立项策划案

**实训目标**：了解会展项目立项策划案的基本结构和框架，能独立拟写一份具有可行性的会展项目立项策划案。

**实训地点**：校内实训室

**实训学时**：6 学时

**实训背景**：

### "中国－东盟博览会林产品与木制品展"背景

一、面向中国－东盟自由贸易区：全球最有活力的市场

中国－东盟自贸区是继欧盟、北美自由贸易区之后的世界第三大自由贸易区，它是惠及 19 亿人口，有着接近 6 万亿美元 GDP 和 4.5 万亿美元贸易总额的大市场。2010 年 1 月 1 日起，中国－东盟自贸区正式建成，7000 多种产品（含林木产品）实行零关税。2014 年，中国与东盟贸易额达 4803.94 亿美元，同比增长 8.3%，增速较中国整体对外贸易平均增速高出 4.9 个百分点。中国与东盟贸易额占中国对外贸易总额比重达 11.16%。

二、林业是中国在国际市场成长最快的产业

林业是生态文明建设的重要内容和经济社会发展的重要组成部分，是中国与东盟之间互补性强、合作潜力巨大的行业。当前，中国林业产业的规模和质量不断提高，林产品贸易快速增长。2013 年中国林业总产值达到 4.73 万亿元，中国成为全球最大的林产品生产国和消费国。以林木展为平台，加强与东盟国家的林业交流合作，能够使"政策沟通、道路联通、贸易畅通、货币流通、民心相通"落到实处，更好地造福中国与东盟国家的企业和人民。

三、打造最具品牌影响力的林木业盛会

近年来，广西林业着力转变发展方式，大力推进生态林业和民生林业建设，深化林

业改革，强化资源保护，全区林业呈现出森林资源不断增长、生态环境稳步向好、林业产业快速发展的良好势头，林业多项核心指标排在全国前列，林业资源大区、产业大区的地位已经全面确立。

中国－东盟博览会林产品与木制品展是中国－东盟博览会旗下规模最大的专业展，也是国家林业局重点支持的展会，在中国与东盟林木企业合作和交流方面起到了很好的推动作用，成为中国与东盟林业交流合作的有效平台。目前已连续成功举办五届，展览规模逐年扩大，专业化程度和影响力不断提升，是国内同类展会中东盟展商参展比例最高的展会，境外展商比例达25％。

**实训安排：**

请根据以上展会背景，结合会展项目立项策划案的基本结构，分小组拟写一份会展项目立项策划案，要求结构完整，内容翔实，具有可操作性。

（1）在小组组长的组织下，讨论确定该展会的主题。要求集思广益，逐一对展会的框架事项进行探讨，初步定下策划书的结构内容。

（2）在小组内，由小组长安排组员分工拟写展会策划书的主要内容，要求以1~2人为单位进行分工写作。

（3）小组长负责统筹整合成一份完整的展会立项策划案，要制作成PPT，在全班面前讲解演示。教师及各小组代表进行点评。

# 实 训 二

## 会展招商招展文案

**实训目标：** 了解会展招商招展工作方案的含义和针对的对象；掌握会展招商招展工作方案的主要内容。通过训练，学生能自行拟写具有可行性和实用性的招商招展工作方案。

**实训地点：** 校内实训室

**实训学时：** 6 学时

**实训背景：**

2015 中国（深圳）国际房地产业博览会，将于 8 月 18 日—20 日在深圳会展中心 1 号馆召开。美国、韩国、日本、澳大利亚、西班牙、葡萄牙等国，以及中国国内 60 多个热门城市参展。

此次国际高端不动产投资展的参展主体为国内外在国际不动产投资领域极富盛名的知名企业，将展出来自欧洲、美洲、大洋洲、亚洲等全球热门发展区域的数十项不动产精品。8 月 18 日，国际高端不动产投资展将全天候、分时段举办共计 5 场主题论坛，涵盖投资移民、房产开发、度假休闲项目等多个领域。论坛举办地点在深圳会展中心 1 号馆 2 号论坛会场。除了项目推介，更有国外房地产投资行业的研究与解读，为个人及企业的全球战略性投资提供交流学习机会。

作为促进行业交流与发展的国际性专业展会的一大亮点，2015 房博会国际投资展将全方位、深层次展示全球最新的高端不动产投资产品，观众可以零距离接触知名地产人士，了解到国际不动产行业的最新信息和前沿观点，了解行业发展潮流与趋势。同时，本届房博会各个主题展也精彩纷呈。其中，由往届海外投资展升级而成的国际高端不动产投资展，吸引了多国高端投资项目参展，参展商还将举办多场论坛，为丰富房博会内涵、铸就国际影响力锦上添花。

**实训安排：**

（1）各小组在小组长的组织下，以小组为单位在网页上搜索相关房地产展示交易会的招展或招商方案，二者选一，并寻找相关案例为模板。

（2）各小组讨论招商招展的主要对象，招商招展的主要目的，确定主要面对的招商、招展范围，要求各小组成员各抒己见，并最好讨论记录，在班级中把讨论结果共享，使文案制作有较强的实用性。

（3）在充分讨论的基础上，拟定招商招展文案的主要条目和内容。要求各小组成员各抒己见，能提出适合本届招商招展文案的相关内容，共同确定文案的主要项目。

（4）各小组进行内部分工，进行文案的具体写作，写作过程中参照课堂搜索结果和教师提供的相关案例，进行结构和写法上的自我模拟。

（5）各小组根据文案写作的实际情况进行组内阅读和修改，主要是内容、相关语言表述及从阅读方的角度对招展特色进行分析，最后把修改好的稿件交给教师。

# 实 训 三

# 展会宣传推广

**实训目标：** 全面了解展会宣传的途径和渠道，掌握网络宣传、国内外展会宣传、广告宣传、媒体宣传、微博和微电影宣传的含义和方式。

**实训地点：** 校内实训室

**实训学时：** 6 学时

**实训背景：**

中国婚博会每年在北京、上海、广州、武汉、天津等地同时举办春夏秋冬四季展，先后有 30 多个国家的名品名店、名设计师、名流明星来中国婚博会发布每季国际前沿结婚时尚，中国婚博会已成为中国百万新人向往的结婚采购品质平台和中国结婚时尚风向标。2015 冬季中国婚博会将于 12 月 5 日—6 日在国家会议中心隆重召开。届时，来自英、美、法、意、日、韩等国的数千名店、上百万款结婚新品将在婚博会亮相。

**实训安排：**

请学生在网站上寻找婚博会相关的宣传推广方案。

（1）各小组在小组长的组织下，在网络或者其他媒体上搜索并讨论宣传推广的主要渠道、对象、主要目的，确定主要面对的宣传渠道范围。

（2）在充分讨论的基础上，拟订方案的主要条目和内容。要求各小组成员各抒己见，提出适当的内容、可操作的方式方法，共同确定文案的主要项目。

（3）各小组进行内部分工和方案的具体写作，写作完毕后根据文案写作的实际情况进行组内阅读和修改，主要是内容和相关语言表述。对组内讨论得出的建议进一步进行修改，确定最后的文案稿件，上交给教师。

# 实 训 四

## 背景板和海报设计

**实训目标：**了解展览活动背景板和海报设计工作的内容，通过学习和实训，学生具备设计展览活动背景板和海报的能力。

**实训地点：**校内实训室

**实训学时：**6 学时

**实训背景：**

中国进出口商品交易会（即广州交易会，简称广交会，英文名为 Canton fair）创办于 1957 年春季，每年春秋两季在广州举办，距今已有近 60 年的历史，是中国目前历史最长、层次最高、规模最大、商品种类最全、到会客商最多、成交效果最好的综合性国际贸易盛会。

中国进出口商品交易会贸易方式灵活多样，除传统的看样成交外，还举办网上交易会。广交会以出口贸易为主，也做进口生意，还可以开展多种形式的经济技术合作与交流，以及商检、保险、运输、广告、咨询等业务活动。来自世界各地的客商云集广州，互通商情，增进友谊。

**实训安排：**

根据中国进出口商品交易会举办的惯例，对相关展览活动的主题、文字、图片等相关素材进行收集，为新一届中国进出口商品交易会设计背景板和海报。

（1）学生按小组进行资料的收集，并根据展览主题等要素对展览活动的文字和图片进行编辑排版。

（2）学生按小组调查本地平面广告市场，做好对背景板和海报的相关制作材料的价格等信息的记录，并利用电脑查找资料的方式来完善设计方案的预算。

（3）各小组代表轮流发言，将本小组设计方案通过 PPT 的方式，图文并茂地在课堂上展示。

# 实 训 五

# 开 / 闭幕式活动设计

**实训目标：** 了解开/闭幕式活动的规模及开/闭幕式活动操作流程，通过学习和实训，学生具备策划和执行开/闭幕式的能力。

**实训地点：** 校内实训室

**实训学时：** 6 学时

**实训背景：**

本地拟在"十一"期间举行一场大型活动开幕式，为提升该活动在本省的影响力，届时会邀请省级领导及重要嘉宾出席开幕式并剪彩。为了达到宣传效果，活动也会邀请省内相关媒体参与宣传报道，预计活动开幕当天会有约 5000 名观众参与。

**实训安排：**

（1）以小组为单位进行资料收集，并对教师提出的问题进行思考，拟写开幕式活动方案并制定预算（需对本地市场进行调查走访，了解相关物品报价）。

（2）利用电脑查找相关资料并完善报价，由小组成员进行讨论其方案的可行性并形成最终的开幕式活动方案。

（3）各小组代表轮流发言，将本小组开幕式活动方案通过 PPT 的方式，图文并茂地在课堂上展示。

# 实 训 六

## 会展接待方案

**实训目标：**熟悉会展接待的主要目标群体；了解会展接待的作用和应注意的原则；了解会展接待方案的写作结构和规范；通过学习和实训，学生掌握会展接待的写作方法，学会根据需要写作会展接待文案。

**实训地点：**校内实训室

**实训学时：**6 学时

**实训背景：**

第 66 届中国教育装备展示会定于 2014 年 4 月 23 日—27 日在云南省昆明市召开。根据本届展会"展示、交流、合作、发展""人文、科技、均衡"的要求，会务接待部积极落实展会的有关思想和理念，认真做到热情周到、安全有序、文明高效，为大会的成功召开提供坚实的会务保障和优质的服务。请大家作为接待部成员讨论并制订相关接待方案。需要讨论并落实的是本届展会的接待分组情况和内容，接待中的相关活动方案和事项等。

**实训安排：**

请搜集第 64—65 届中国教育装备展示会的接待方案。

（1）以小组为单位讨论此次接待的主要对象、主要相关活动、接待过程中的注意事项，确定什么样的对象安排什么样的接待规格和要求。

（2）在充分讨论的基础上，拟订接待的主要对象并进行分类，拟订出接待工作的具体内容，做好展会期间每天具体活动的细目策划和安排。

（3）各小组进行内部分工并进行具体的写作。

（4）各小组根据文案写作的实际情况进行组内阅读和修改，主要是内容、相关语言表述以及事务处理的细节问题。根据组内讨论得出的建议做出进一步的修改，确定最后的接待方案交给教师。

# 参考文献

［1］马骐．会展策划与管理［M］．北京：清华大学出版社，2013．

［2］许传宏．会展策划与组织［M］．北京：高等教育出版社，2010．

［3］过聚荣．会展概论［M］．北京：高等教育出版社，2010．

［4］唐少清．奥运会与北京会展业［M］．北京：经济科学出版社，2008．

［5］向国敏．会展实务［M］．上海：上海财经大学出版社，2005．

［6］苏文才．会展概论［M］．北京：高等教育出版社，2009．

［7］张恒龙，王方华．会展经济［M］．上海：上海人民出版社，2011．

［8］邹树梁．会展经济与管理［M］．北京：中国经济出版社，2008．

［9］程爱学，徐文峰．会展全程策划宝典［M］．北京：北京大学出版社，2008．

［10］谭红翔．会展策划实务［M］．北京：对外经济贸易大学出版社，2007．

［11］张金祥．会展实务［M］．重庆：重庆大学出版社，2007．

［12］郑彬．会展策划［M］．北京：中国财政经济出版社，2008．

［13］陈鲁梅．会展策划与管理［M］．北京：化学工业出版社，2004．

［14］张玉明．会展服务管理［M］．广州：中山大学出版社，2010．

［15］龚平，赵尉平．会展概论［M］．上海：复旦大学出版社，2009．

［16］杨顺勇，丁萍萍．会展营销［M］．北京：化学工业出版社，2009．

［17］毛军权．会展文案［M］．上海：复旦大学出版社，2006．

［18］黄向，李正欢．会展管理［M］．广州：暨南大学出版社，2009．

［19］胡平．会展管理概论［M］．上海：华东师范大学出版社，2007．

［20］郑建瑜．会展经营策划师［M］．北京：中国劳动社会保障出版社，2006．

［21］张晓娟．会展概论［M］．大连：东北财经大学出版社，2008．

［22］卢小金．会展策划［M］．大连：东北财经大学出版社，2008．

［23］王彦华．现代会展招商推广［M］．北京：中国商务出版社，2015．

［24］王彦华．大型专业展览策划与组织［M］．北京：中国商务出版社，2015．

［25］王彦华．现代会展服务［M］．北京：中国商务出版社，2015．

［26］华谦生．会展策划［M］．杭州：浙江大学出版社，2014．

［27］刘嘉龙．会展策划与管理［M］．北京：中国旅游出版社，2011．

［28］马骐．会展策划与管理［M］．北京：北京交通大学出版社，2011．

［29］武邦涛．会展项目管理［M］．北京：北京大学出版社，2010．

［30］包小忠．会展营销［M］．广州：中山大学出版社，2012．

［31］刘松萍．会展营销与策划［M］．北京：首都经济贸易大学出版社，2011．

［32］肖温雅．会展营销实务［M］．北京：机械工业出版社，2011．

［33］任仲泉．会展设计［M］．济南：山东美术出版社，2007．

［34］舒光美．会展服务与营销［M］．北京：北京师范大学出版社，2011．

［35］朱维理．大型活动标志设计实战案释［M］．北京：北京理工大学出版社，2009．

［36］刘红霞．会展实务［M］．北京：北京师范大学出版社，2011．

［37］施谊．会展项目管理［M］．北京：北京大学出版社，2015．

［38］庞华．会展运营与服务管理［M］．天津：南开大学出版社，2010．

［39］唐少清．会展运营管理［M］．北京：机械工业出版社，2007．

［40］冯娴慧，王绍增．会展展示设计［M］．北京：中国人民大学出版社，2012．

［41］张生军，李东．会展展示设计［M］．广州：中山大学出版社，2012．

［42］胡亮．会展展示设计［M］．北京：清华大学出版社，2014．

［43］黄立萍，刘恋．会展展示设计［M］．北京：中国旅游出版社，2013．

［44］刘松萍．会展营销［M］．重庆：重庆大学出版社，2014．

［45］余意峰，程绍文．会展营销［M］．武汉：武汉大学出版社，2014．

［46］廖为，程绍文．会展营销［M］．武汉：武汉大学出版社，2011．

［47］胡芬．会展项目管理［M］．武汉：武汉大学出版社，2014．

［48］史国祥，贺学良．会展经济［M］．天津：南开大学出版社，2009．

［49］刘大可，陈刚，王起静．会展经济理论与实务［M］．北京：首都经济贸易大学出版社，2015．

策划编辑：段向民
责任编辑：张芸艳
责任印制：冯冬青
封面设计：何 杰

图书在版编目（CIP）数据

会展策划／吴杰主编 . --北京 ：中国旅游出版社，
2016. 2（2020.11 重印）
中国旅游业普通高等教育应用型规划教材
ISBN 978-7-5032-5451-2

Ⅰ.①会… Ⅱ.①吴… Ⅲ.①展览会—策划—高等学
校—教材 Ⅳ.①G245

中国版本图书馆 CIP 数据核字（2015）第 265694 号

书 名：会展策划
作 者：吴杰 主编
出版发行：中国旅游出版社
（北京静安东里 6 号 邮编：100028）
http://www.cttp.net.cn E-mail:cttp@mct.gov.cn
营销中心电话：010-57377108，010-57377109
读者服务部电话：010-57377151
排 版：北京旅教文化传播有限公司
经 销：全国各地新华书店
印 刷：河北省三河市灵山芝兰印刷有限公司
版 次：2016 年 2 月第 1 版 2020 年 11 月第 3 次印刷
开 本：787 毫米×1092 毫米 1/16
印 张：11.5
字 数：230 千
定 价：34.50 元
ＩＳＢＮ 978-7-5032-5451-2